매일 마인드맵

2판 1쇄 발행 2024년 4월 5일

지은이 오소희
발행인 조상현
편집인 김주연
마케팅 조정빈
디자인 Design IF
펴낸곳 더디퍼런스

등록번호 제2018-000177호
주소 경기도 고양시 덕양구 큰골길 33-170
문의 02-712-7927
팩스 02-6974-1237
이메일 thedibooks@naver.com
홈페이지 www.thedifference.co.kr

ISBN 979-11-6125-466-1 (13320)

일러두기

1. 저자가 직접 그린 마인드맵과 수강생들의 샘플에서 일부 맞춤법에 어긋난 표현이 있습니다. 널리 양해를 구합니다.
2. 일부 구어체의 표현(치맥, 경단녀, 먹방, 짱, 냉장고 파먹기 등)이 사용되었음을 밝힙니다.

매일 마인드맵

오소희 지음

그리고, 생각하며, 성장하는
'생각지도 다이어리'

더 디퍼런스

복잡한 생각과 마음을
정리하고 싶은 그대에게

"행복은, 불행과 불행 사이에 숨어 있다.
행복을 찾으려면 눈보다는 마음으로 봐야 한다."

행복과 성공은 태어날 때부터 능력과 소질로 결정된다고 생각했습니다.
그 생각이 마인드맵을 만나고 달라졌습니다.
제 삶에서 가장 간절했던 서른 살. 힘든 가정 형편으로 악바리같이 살아가
는데도 불구하고 잡히지 않던 것들. 결혼을 하고 귀여운 아이들을 만났지
만, 그만큼 멀어져 갔던 내 꿈. 변해 가는 내 몸을 보며 좌절했던 순간들. 변
화를 간절히 바랐지만, 누구의 도움도 만족스럽지 않았고, 스스로 변화할
용기도 없었습니다.
우연히 만난 마인드맵을 통해 저는 변화를 시작하였습니다. 꿈도 몸도 마
음도 바꿔 나가며 모든 것을 이뤄 내기 시작했습니다. 도구를 사용하니 훨
씬 수월하게 나를 변화시킬 수 있었습니다.

출산 후 지독한 우울증을 겪었습니다. 자살 시도도 하였고, 자책감에 아이
양육이 더 힘들었습니다. 멈춰진 꿈을 다시 꾸는 길도 외롭고 힘들었습니
다. 그 긴 시간을 버티게 한 것도, 탈출구로 안내한 것도 바로 마인드맵이
었습니다.

- 내가 정확하게 이루고 싶은 것이 무엇인지
- 내가 꿈꾸고 바라는 행복이 무엇인지
- 목표를 작성하고 실행력을 높이기 위한 계획은 무엇인지
- 당장 무엇부터 시작해야 하는지
- 오늘 나의 감정은 무엇이 원인인지
- 도움을 요청할 수 있는 사람이 누구인지
- 나의 자존감을 높일 수 있는 방법은 무엇인지
- 나의 부족함을 채우기 위해 어디로 가야 하는지

나를 제한하지 않는 하얀 종이 위에 끄적이기 시작한 질문과 낙서들이 자연스럽게 버티도록 만들어 주었고, 편안하게 만들어 주었습니다. 처음부터 해결책을 명료하게 내어준 것은 아니지만, 시각화하는 훈련이 자유로워질수록 스스로를 컨트롤하는 것에 자신감이 생겼습니다.

첫 번째 저서 《매일 마인드맵》은 나와 같은 엄마들과 모여 울고 웃으며 나눴던 모든 마인드맵을 기초로 펼쳐낸 책이었습니다. 우울증 약을 먹어 가며 오롯이 나의 꿈, 나의 책을 세상에 내놓기 위해 애쓴 결과물이었습니다. 별것 아닌 주제를 놓고도 게임처럼 낙서처럼 끄적이다가 우리의 감정과 우리의 생각들이 발견되면, 신기해서 깡충거리며 행복해했던 추억의 결과물이었습니다.
홍보도 없이 판매되어 온 이 책이 오랫동안 사랑받을 수 있었던 이유는, 아마도 그 시간들이 이 안에 고스란히 녹아 소통되어서이지 않을까 싶습니다.

17년 동안 셀프리더십, 조직 내 업무개발, 소통, 부모자녀교육, 감정코칭, 저서출판 교육까지 마인드맵을 통해 다양한 시도를 해 왔습니다.

오랫동안 마인드맵을 해온 저보다 훨씬 예쁜 그림과 글씨, 내용으로 작품을 만들어 내시는 분들이 정말 많습니다. 마인드맵 교육 과정을 개발하여 활동하고 계신 분들도 많습니다. 두 번째 저서 《샤넬보다 마인드맵》에서는 제 삶의 마인드맵 스토리를 자세하게 소개하였고, 세 번째 저서 《나는 마인드맵퍼가 되기로 했다》에서는 맵스쿨 수료생들과 함께 마인드맵을 통한 삶의 변화를 기록하였습니다.

저는 마인드맵을 잘하는 사람이 아닙니다. 나를 변화시킨 마인드맵, 나를 성장시킨 마인드맵을 너무 사랑하는 사람입니다. 마인드맵은 종이 위에 끄적이는 반복된 시각화를 통해 나를 발견하고 정리하는 도구입니다. 그림을 잘 그리는 것이 중요한 것이 아니라 끄적임을 통하여 나를 성장시키는 도구입니다.

이 책에는 대단하지 않은 아주 소소한 주제들을 마인드맵으로 엮었습니다. 익숙하지 않은 필기 방법이기에 처음에는 어려울 수 있지만, 반복하여 따라 그리다 보면 어느새 다양한 방법에 활용하고 있는 자신을 발견하실 수 있을 것입니다.

개정판을 통해 다시 한번 마인드맵의 기초가 되어 세상에 나올 수 있게 됨에 출판사 대표님께 깊은 감사의 인사를 드립니다. 그리고 부족한 저의 교육과 책을 통해 수년 동안 끊임없이 《매일 마인드맵》 책을 찾아 주셨던 맵스쿨 수료생분들께도 깊은 감사를 드립니다.

이 책이 다시 한번 삶을 고민하는 많은 분들에게 도움이 되기를 바랍니다.

오소희

part 4

일상 관리

part 5

정보 관리

자기 관리

나의 삶을 변화시키고 싶을 때 가장 먼저 할 일은
'나' 자신을 돌아보는 시간을 갖는 것입니다.
가볍고 편안한 마음으로 '나'에 대해 생각해 봐요.

1

나의 장점

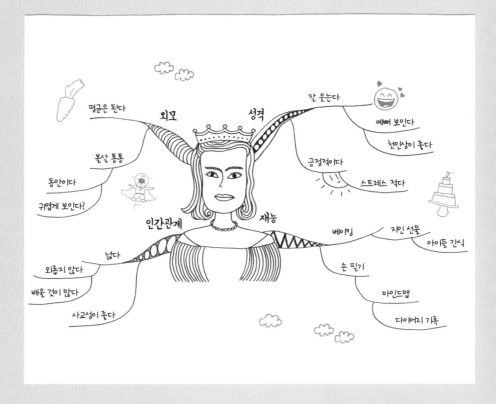

"난 음식 남기는 걸 못 봐.", "너랑 같이 있으면 시간 가는 줄 모르겠어."
우리가 나누는 대화 속에 내가 생각하는 나의 장점, 누군가에게서 들었던 나의 장점이 들어
있네요. 스스로 장점을 말하기 조금은 쑥스럽지만 나만 보는 일기라 생각하고 뻔뻔하게 한
번 써 봅시다.

1.
중심 주제 잡기

종이 가운데에 나의 장점과 관련된 이미지를 그려 봅니다. 저는 카리스마 있다는 얘기를 떠올리며 눈매가 날카로운 왕비를 그렸습니다. 별명을 이미지로 그려도 좋고, 단순히 '장점'이라고 써도 됩니다.

2.
가지치기

장점을 크게 네 가지로 나누어 생각해 봤어요. 외적인 것 (외모, 인간관계)과 내적인 것(성격, 재능) 이런 식으로요. 더 생각나는 것이 있다면 추가해도 좋습니다. 가지치기는 3~ 7개까지가 가장 효과적입니다.

3.
확장하기

상위 가지 기준에 맞게 하위 가지의 내용을 작성해 봐요. 장점을 통해 어떤 일을 할수 있는지, 장점으로 인하여 어떤 좋은 점이 있는지요.

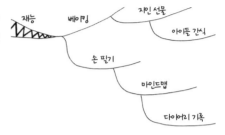

4.
완성하기

나머지 가지의 내용을 채우고, 장점과 관련된 다양한 생각들을 자유롭게 뻗어 나갑니다. 한꺼번에 작성하시지 않아도 돼요. 시간을 두고 조금씩 나를 발견해 봅니다.

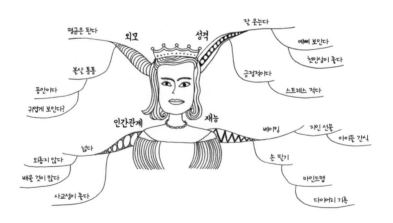

| **나의 장점 그리기** |

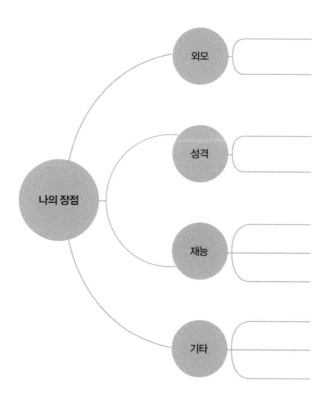

나의 단점

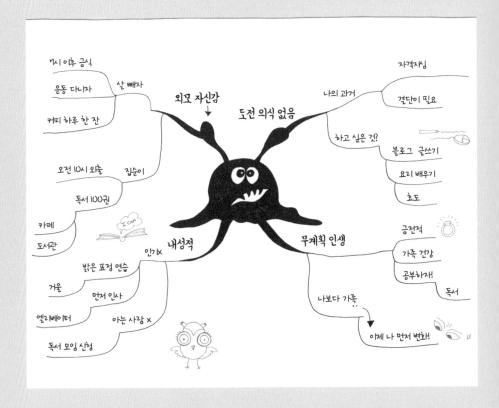

매시 이후 금식
운동 다니자
살 빼자
커피 하루 한 잔
외모 자신감
도전 의식 없음
자격지심
나의 과거
결단이 필요
하고 싶은 것?
블로그 글쓰기
요리 배우기
효도
오전 10시 외출
집순이
독서 100권
카페
도서관
I can
인가X
내성적
무계획 인생
금전적
가족 건강
공부하자!
독서
밝은 표정 연습
거울
먼저 인사
엘리베이터
아는 사람 X
독서 모임 신청
나보다 가족
이제 나 먼저 변화!

저는 '성장'이란 단어를 좋아합니다. 내일이 기대되고, 30대, 40대 나이를 먹을 수록 인생이 즐겁다고 느낄 수 있는 비결은 바로 성장하고 성숙해지기 때문이죠. 그런 면에서 단점을 바로 알고, 이를 더 나은 방향으로 보완할 수 있는 마인드맵을 그려 보는 것이 성장하는 시간을 만들어 줄 거예요.

1.

중심 주제 잡기

우리는 단점을 감추고 싶고, 부끄럽다고 생각합니다. 그래서 어두운 무언가를 뒤집어쓰고 있는 이미지를 그려 넣었어요.

2.

가지치기

평상시에 스스로에게 마음에 들지 않았던 부분이 있다면 작성해 보세요. 부정적인 생각을 계속 떠올리는 건 좋지 않지만 새로운 다짐을 위한 성찰의 시간이라 생각하며 꾹꾹 눌러 적어 봅니다.

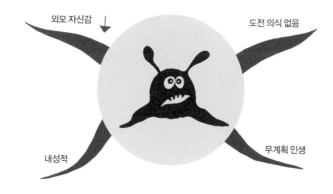

외모 자신감 ↓   도전 의식 없음

내성적   무계획 인생

3.
확장하기

단점을 극복하기 위해 내가 할 수 있는 작
은 결심들을 적어 봅니다. 외모에 자신감
이 없다면 '살을 뺀다'는 다짐과 함께 구체
적인 방법 예를 들어 '7시 이후 금식', '커
피는 아메리카노만' 등의 내용을 적는 거죠.

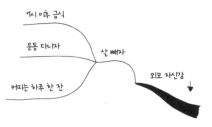

4.
완성하기

남은 가지들을 위에 방식대로 완성합니다. 여기서 중요한
것은 스스로 방법을 찾아가며 사소하고 작은 결심이라도
피드백하며 실천하기! 입니다.

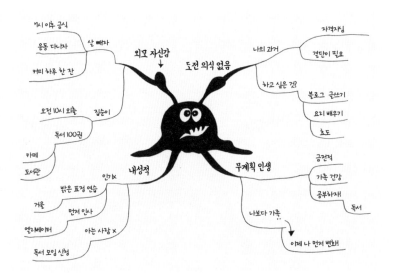

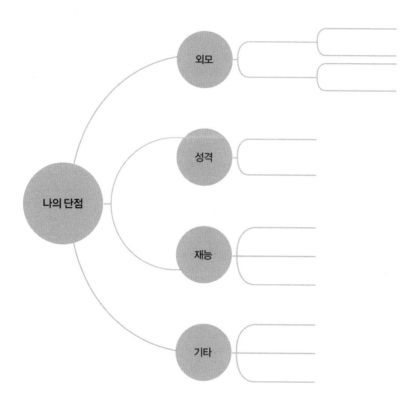

---

tip

1. 첫 번째 가지에 단점 나열하기, 두 번째 가지에 구체적인 내용이나 경험, 세 번째 가지에 극복 방법이나 결심 순으로 그려 봅니다.

3

나의 고민

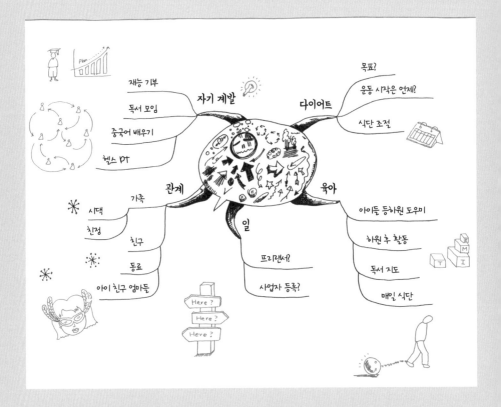

여러분은 머릿속이 복잡할 때 어떻게 하나요? 그냥 잔다? 영화나 드라마를 보며 아무 생각도 하지 않는다? 마인드맵의 효과를 잘 아는 저는 무조건 생각을 종이 위에 쏟아 냅니다. 어떤 점이 나를 혼란스럽게 하는지 눈으로 직접 확인해 보는 거죠. 시각화하면 답을 찾기가 쉬워집니다.

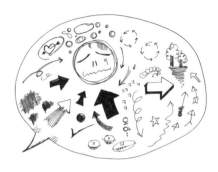

1.
중심 주제 잡기

고민 없는 사람은 없죠. 저는 욕심이 많아 하고 싶은 일은 많은데, 체력과 상황이 안 따라 주는 것을 고민하는 복잡한 제 머릿속을 그려 보았습니다.

2.
가지치기

어떤 고민이 있는지 일단 크게 나누어 생각해 봅니다. 저의 경우 평생의 고민인 다이어트, 육아와 일의 병행, 가장 스트레스 받는 인간관계, 생각만 하고 실천하지 않는 자기 계발 등이 있네요.

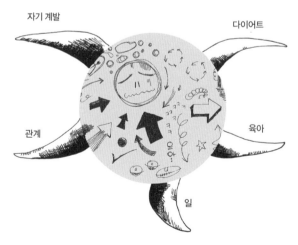

3.
확장하기

머릿속에서 맴돌다가 사라지는 질문들이
있다면 적어 보세요. 적으면 실마리가 보
일 수 있습니다. 이미 답은 알고 있는데 우
선순위를 몰라 복잡했을 수도 있어요.

목표?

운동 시작은 언제?

식단 조절

다이어트

4.
완성하기

내 고민이 무엇인지 깨닫는 것이 첫 번째, 가지치기를 통해
생각을 나열해 가며 분리해 보는 것이 두 번째입니다. 우선
고민 파악 끝! 고민 해결 시작!

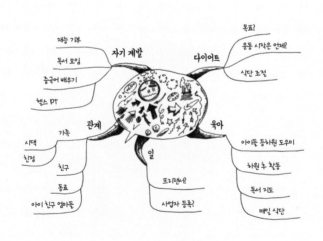

| **나의 고민 그리기** |

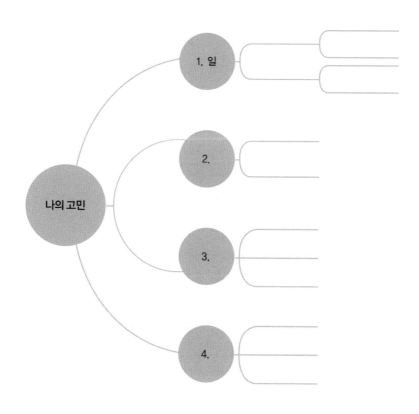

1. 고민을 적을 때 우선순위를 매겨 정리하는 것도 좋습니다. (예, 1. 일, 2. 육아, 3. 다이어트)

2. 두 번째 가지에 고민하는 이유, 세 번째 가지에 내가 할 수 있는 일, 네 번째 가지에 앞으로의 계획 등으로 확장해 나갈 수 있습니다.

갖고 싶은 것

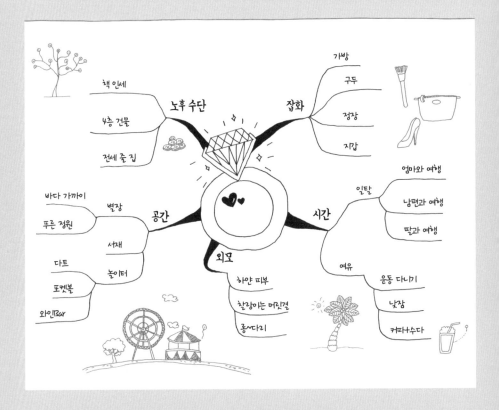

'상상'만으로도 미소가 지어지고, 행복해지는 경우가 있습니다. 상상하며 느끼는 '설렘'이라는 감정 덕분일 텐데요. 실제로 저는 책상에 붙여 놓은 위시리스트를 보며 회사를 더욱 열심히 다니게 되는 긍정의 효과를 경험했답니다. 적어 보기만 해도 이미 다 가진 것 같은, 기운을 북돋는 놀라운 효과를 느껴 봐요.

1.
중심 주제 잡기

다이아몬드가 갖고 싶다는 건 아니고요.
제 자신을 반짝이기 위한 모든 것을 갖고
싶어 반지를 형상화했어요. 내적, 외적 모
든 면에서 빛날 수 있는 사람이 되고 싶어요.

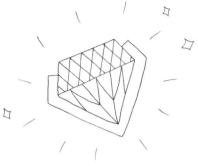

2.
가지치기

단순하게 물건, 시간과 공간, 미래를 위해
필요한 것으로 나누어 봤어요.

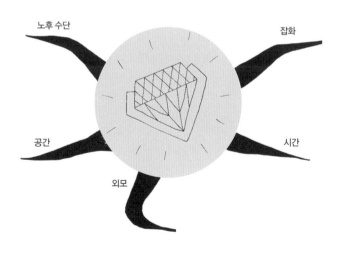

노후 수단   잡화

공간   시간

외모

3.
확장하기

일반적으로 갖고 싶은 것을 떠올리면 가방, 잡화, 집, 차 등 남들에게 보여지는 이미지와 관련된 것들을 적을 텐데요. 저는 제가 소중하게 생각하는 가족과의 시간, 추억을 나눌 수 있는 공간을 구체적으로 떠올려 봤어요.

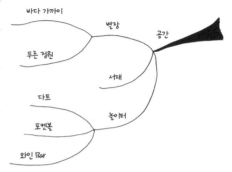

4.
완성하기

'갖고 싶은 것' 마인드맵은 냉장고에 붙여 둘까 합니다. 하나씩 지워 나가는 재미도 느끼고, 뚜렷한 목표가 생기면서 삶의 의욕을 마구 불러일으킬 것 같아요. 혹시라도 같이 사는 누군가가 소원을 들어줄 수도 있고요.

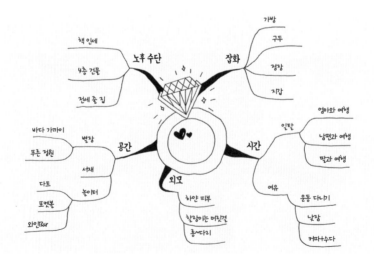

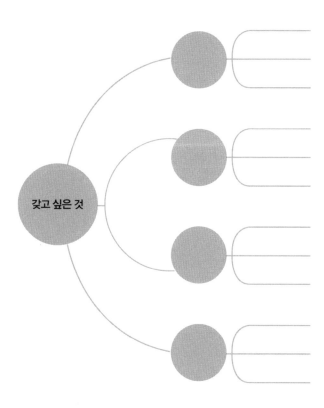

갖고 싶은 것

tip

1. 첫 번째 가지에 카테고리, 두 번째 가지에 품목, 세 번째 가지에 구체적인 내용
(예, 잡화 → 가방 → ○○ 숄더백, 검정색 → 금액)

5

가고 싶은 곳

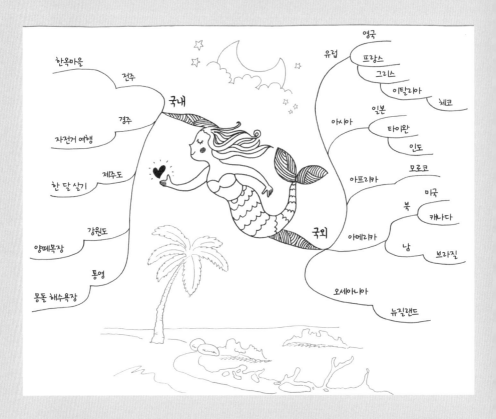

여행을 좋아하는 저는 이 넓고 넓은 세상 가고 싶은 곳이 참 많습니다. 여행 프로를 볼 때마다 가고 싶은 곳 리스트는 늘어만 가는데, 현실에서는 시간과 금전이 따라 주지 않으니 아쉬울 따름입니다. 그래도 아직 젊고(?) 기회는 있으니 희망을 담아 마인드맵을 그려 봅니다.

1.
중심 주제 잡기

인어공주가 되어 자유롭게 바닷속을 헤엄치며 이곳저곳 가고 싶다는 상상을 해 봅니다.

2.
가지치기

세계지도 속 우리나라는 작아 보이지만 아직 국내도 못 가본 곳이 많더군요. 국내와 국외로 나누어 보았어요. 아주 간단하죠?

3.
확장하기

가고 싶은 지역이나 나라를 작성해 보고,
누구와 가고 싶은지, 여행지에서 하고 싶
은 것은 무엇인지를 나열해 볼 수도 있어
요. 예를 들어 '전주 한옥마을에서 친구들
과 한복을 입고 먹방 투어를 하고 싶다!'
이렇게요.

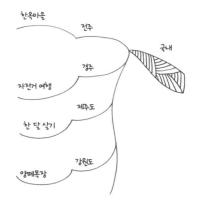

4.
완성하기

쓰고 상상했으니 우리의 계획은 이미 반은 완성된 것이나 다름없습니
다. 이제 언제가 됐든 떠나기만 하면 됩니다. 바로 그곳으로!

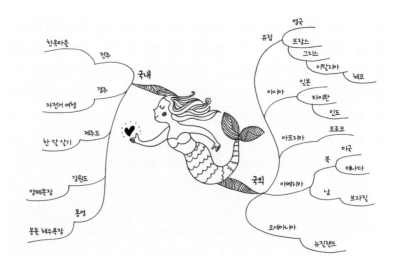

│ 가고 싶은 곳 그리기 │

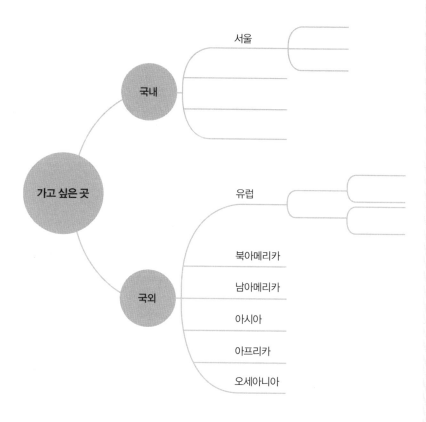

서울

국내

가고 싶은 곳

유럽

북아메리카

남아메리카

국외

아시아

아프리카

오세아니아

tip

1. 큰 범주에서 작게 세분화한다고 생각하면 됩니다. 국내라고 한다면 강원도 지역, 평창군, 양떼목장, 누구와 함께 이런 식으로 가지를 뻗어 나갈 수 있어요.

2. 가고 싶은 이유나 어느 계절이 좋은지 등 꼭 가지치기가 아닌 메모처럼 적어 보는 것도 좋아요.

배우고 싶은 것

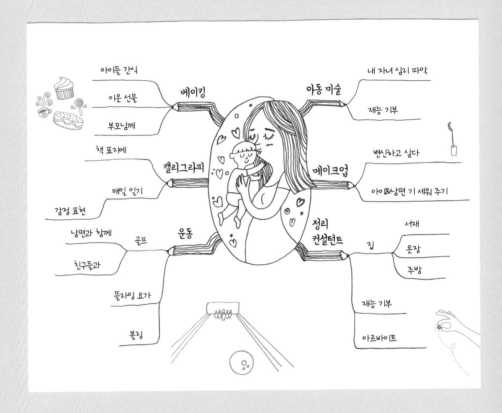

아이들 간식 · 이웃 선물 · 부모님께 — 베이킹
내 자녀 심리 파악 · 재능 기부 — 아동 미술
책 표지에 · 매일 일기 · 감정 표현 — 캘리그라피
변신하고 싶다 · 아이&남편 기 세워 주기 — 메이크업
남편과 함께 · 친구들과 — 골프
운동 — 플라잉 요가 · 볼링
정리 컨설턴트 — 집 — 서재 · 옷장 · 주방
재능 기부 · 아르바이트

"아~ 지금 나이보다 딱 10살만 어렸으면 좋겠다. 그럼 뭐라도 시작해 볼 텐데."
우린 항상 습관처럼 과거에 하지 않은 것을 후회하지만 미래에 대한 준비 역시 하고 있지 않습니다. 10년 뒤 똑같은 이야기를 하지 않도록 지금 한번 도전해 볼까요?

1.
중심 주제 잡기

아이들에겐 가르치고 싶은 것이 너무 많은데 정작 본인은 왜 새로운 도전을 하지 않는 걸까요. 부모의 모습을 보고 아이들은 자라고 배운다는 걸 잊지 말아요.

2.
가지치기

마인드맵에 작성한다고 해서 무조건 해야 하는 것은 아닙니다. 결정하기 전에 고민해 보는 과정이라 생각하며 부담 없이 기록해요. 마인드맵은 생각하기 위한 과정이 중요할 뿐 정답은 따로 없습니다.

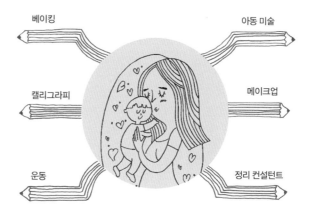

베이킹   아동 미술

캘리그라피   메이크업

운동   정리 컨설턴트

3.
확장하기

배움은 즐거움이 목적이지 돈벌이가 목적이 되어서는 안 됩니다. 어렵게 느껴진다면 '배워서 활용한다는 생각'보다는 '배워서 즐겨 본다는 생각'으로 접근하면 쉬워요.

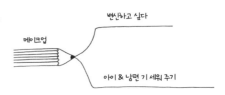

4.
완성하기

가지를 다 완성했다면 할까 말까 고민만 하다가 시간을 보내지 말고, 가장 쉽게 할 수 있는 일부터 도전해 봐요. 도전은 또 다른 도전을 낳고, 삶은 더욱 풍성해질 거예요.

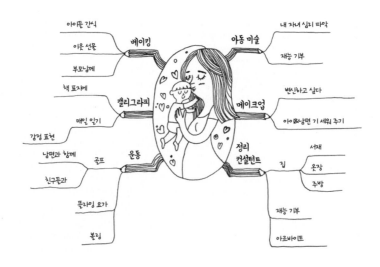

| 배우고 싶은 것 그리기 |

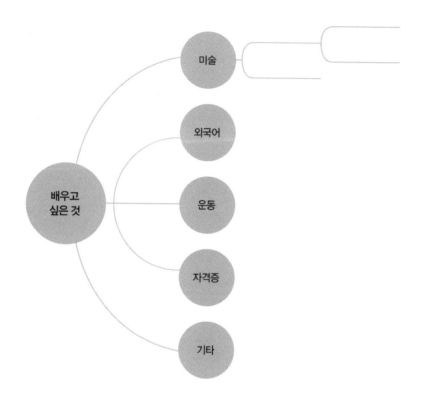

1. 예를 들어 캘리그라피를 배우고 싶다면, 어디서 어떻게 배울 수 있는지 정보를 찾는 작업이 필요합니다. 책으로 독학을 할 것인지, 문화센터, 주민자치센터, 고용노동부 구직자훈련과정 등 기관을 활용할 것인지 각각의 장단점 및 자신의 상황을 고려할 수 있도록 구체적으로 마인드맵을 작성해 봅니다.

나의 가족

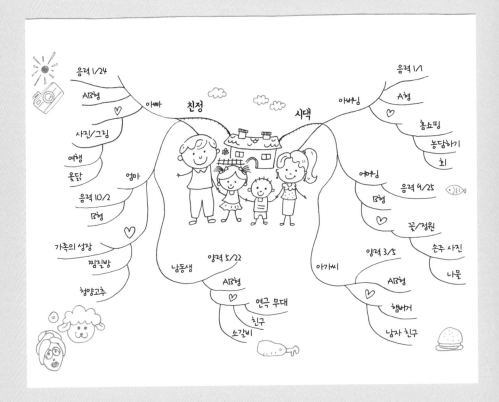

바쁜 일상 속, 우리는 소중한 가족을 위해 각자의 자리에서 열심히 하루를 보내고 있습니다. 가장 가까운 사이지만 어쩌면 서로에 대해 모르고 있는 것은 없는지. 이번 기회에 가족들을 더 알아가는 시간을 가져 봐요. 마인드맵을 작성하며 기억하고, 관심 갖고, 표현하는 여러분 이 되기를 바라요.

1.
중심 주제 잡기

저 푸른 초원 위에 그림 같은 집을 짓고~ 행복한 우리 가정을 그렸어요. 가족의 특징을 넣어 그려 보면 더욱 재미있는 마인드맵이 될 거예요.

2.
가지치기

워킹맘인 저는 시댁과 친정으로 나누어 보았어요. 가족의 이름을 넣어 가지치기를 작성해도 좋습니다.

친정   시댁

3.
확장하기

가장 중요한 생년월일, 혈액형, 좋아하는
음식이며 취미 등 떠올릴 수 있는 것은 무
엇이든 적어 봅니다. 생각보다 쉽게 채워
지지 않아 당황스러울 수 있어요.

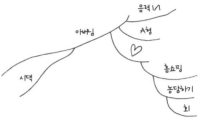

4.
완성하기

이 마인드맵만 있으면 좋은 엄마, 좋은 아내, 좋은 딸과 며느리가 될
것만 같아요. 이 마인드맵을 통해 생일은 잊지 않고 축하해 드리기,
좋아하는 취미를 함께하거나 맛있는 음식 대접하기!

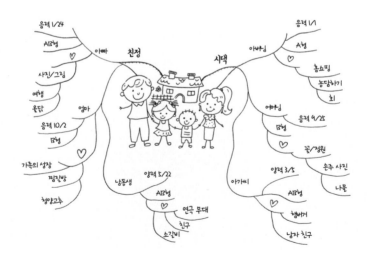

| 나의 가족 그리기 |

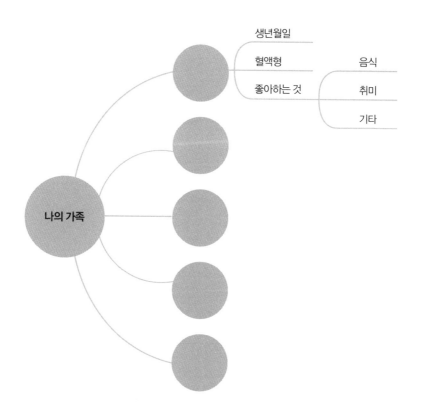

생년월일
혈액형
좋아하는 것
음식
취미
기타

나의 가족

tip

1. 형제, 자매가 많거나 반려동물이 있다면 가지가 더 추가되겠네요. 그만큼 풍성한 마인드맵이 완성될 수 있으니 공간이 부족하다면 큰 종이에 그려 봅니다.

2. 아이와 함께 그려 보거나, 아이 입장에서 그리며 호칭을 알려 주는 것도 좋아요. 반대로 호칭만 알고, 이름을 모르고 있다면 이번 기회에 알려 줄 수 있고요.

나의 친구

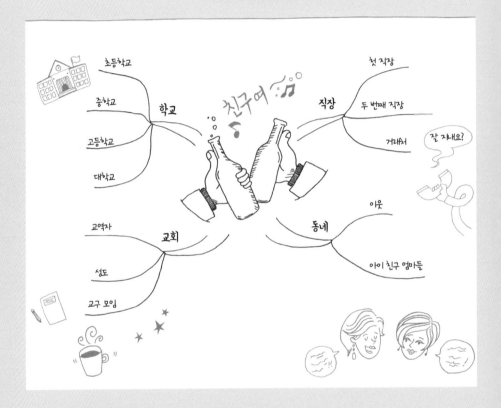

그 많던 친구들은 다 어디로 갔을까요? 맨날 보는 동네 엄마들, 가족보다 더 오랜 시간을 보내고 있는 회사 동료들... 하루하루 바쁘게 지내다 보니 학창시절 친구들 본지가 언제인지 기억이 가물거립니다. 인맥 관리를 떠나서 추억을 공유하고 있는 옛 친구들에게 연락 한번 해 보자고요.

1.
중심 주제 잡기

고민이 있을 때 술 한 잔 기울일 수 있는
친구가 몇 명이 있을까요? 여러분에게 친
구란 어떤 존재인지 그림으로 그려 봐요.

2.
가지치기

내가 활동하고 있는 장소나 시간을 기준으로 작성해 볼
수 있습니다. 저는 장소를 기준으로 학교, 직장, 동네, 교회
로 나누었어요.

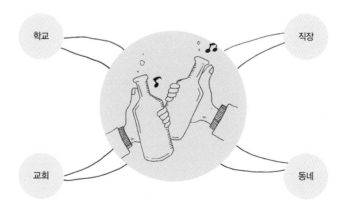

3.
확장하기

학창시절 친구들이 그리워 한 명 한 명 얼굴을 떠올리며 이름을 적어 봤습니다. 적을 이름이 많다고 좋은 것도, 적다고 우울할 필요는 없어요.

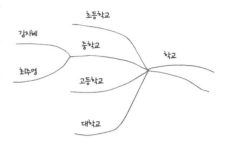

4.
완성하기

마인드맵을 그리고 나니, 그동안 내가 어떻게 살아왔는지 반성도 되네요. 마인드맵에서 중요한 역할을 하는 것은 바로 '큰 가지'입니다. 큰 가지의 기준이 있었기 때문에 빠짐없이 빠른 시간 내에 떠올릴 수 있어요.

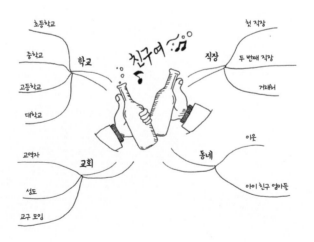

| 나의 친구 그리기 |

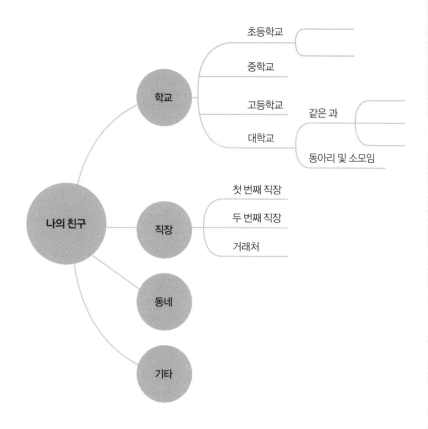

tip

1. 친구라고 제목을 달았지만 이 마인드맵은 내가 연락하고, 친하게 지내는 모든 사람들을 적어 보는 겁니다. 선배, 언니, 동생, 거래처 직원 등 나의 인맥 지도라고도 할 수 있어요.

나는 어떤 사람인가?

1

30~40대 주부들은
무엇이 골치 아플까요.
홀로 고군분투하는 남편에 대한 미안함,
해도 해도 끝이 없는 집안 살림과 독박 육아,
하루하루 약해져만 가는
친정 부모님에 대한 걱정,
꽤나 빛났던 나의 과거와 존재감 없는
현재의 비교로 인한 우울함.

2

워킹맘은 무엇이 힘들까요?
돈이 필요해서 하는 일이 아니었는데
막상 그만두려니 돈이 발목을 붙잡고,
퇴근 후 지친 몸을 소파에 기댈 새도 없이
시작되는 집안일과 육아,
매일 "가지 마! 가지~마!" 붙잡는 어린 자식,
그렇다고 나의 미래와 꿈이 반짝반짝 빛나고
있다거나 내가 원하는 그림으로
그려지는 것도 아닌 현실.

3

그렇다면
남자들은 어떨까요?
평생 짊어지고 가야 하는 가정에 대한 책임감,
자신이 언제까지 일할 수 있을까에 대한 불안감,
회사에서 기대하는
직장인으로서의 자세와
집에서 기대하는
아빠의 모습에 대한 차이.

4

내 머릿속에 복잡하게
뒤엉켜 있는 나에 대한 생각, 고민, 꿈,
인간관계 등을 정리하고 싶다면
종이 위에 마인드맵을 그려 보는 걸로 시작해 봐요.
앞집 언니, 직장 동료, 가족들 모두 나를
대신할 수는 없습니다. 나의 현재 상황과
답답한 마음을 알고 위로해 줄 수 있는 건 바로 나,
스스로밖에 없어요.
종이 위에 털어놓는 것을 습관화해 보세요.
자신의 머릿속에 있는 여러 생각들을
가만히 들여다보세요.

5

아~ 난 이런 사람이구나.
아~ 내가 이 부분이 많이 힘들구나
아~ 내가 이런 걱정들을 안고 있구나.
아~ 이 문제는 나 혼자
해결할 수 없겠구나.
아~ 이 고민은 이런 방법으로
해결해야겠구나.

6

나에 대해 시각화해서
조금 떨어져 바라보는 습관을 갖다 보면
현실 점검을 할 수 있고,
고민만 하는 것이 아니라
해결 방안에 대하여 모색하게 됩니다.
수많은 자기계발서에서 '기록'을 중시하는 것은,
이처럼 상황을 직시하라는 부분에서
공통되는 부분입니다.
기록을 통해서 생각지도 못한 생각을 하고,
복잡했던 머리를
단순하게 정리하게 되고,
그 과정 속에 새로운 아이디어와 영감을
얻을 수 있을 것입니다.

Part

2

시간 관리

"인간은 항상 시간이 모자란다고 불평하면서 시간이 무한정 있는 것처럼 행동한다."
'루키우스 세네카'라는 철학자가 남긴 말입니다.
시간 관리에 중요성을 알지만 실천하기란 힘든 게 사실이죠.
마인드맵으로 시간을 관리하고 실천해 봐요.

9

나의 오늘 (주부)

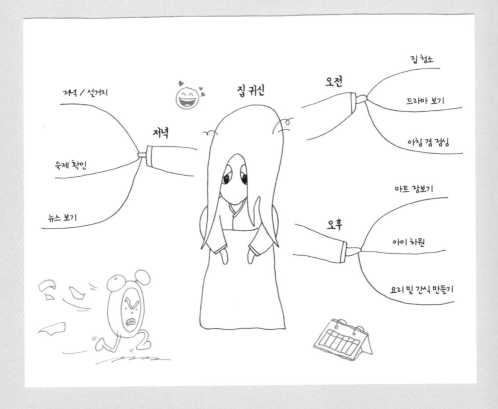

"별로 한 것도 없는데 시간이 벌써 이렇게 됐네?", "정신없이 집안일 하고 나니 아이 올 시간이 야." 이렇게 푸념하는 주부들이 많이 있을 텐데요. 바쁜 하루를 보낸 것 같은데 막상 무엇을 했는지, 제대로 보낸 건지 의문이 듭니다. 하루 동안 내가 보낸 시간을 기록하고 살펴보면서 점검하는 시간을 가져 봐요.

1.
중심 주제 잡기

끝도 없는 집안일과 육아에 몸과 마음이
지친 우리 엄마들의 모습을 그려 보았어
요. 좀 더 활기차고 밝게 빛나는 우리의 모
습이 되길 바라는 마음에서요.

2.
가지치기

오전/오후/저녁 이렇게 세 개의 가지치
기를 통해 오늘 하루를 기록해 봅니다. 매
일 반복되는 일상이지만 순서대로 빠짐
없이 적는 것이 중요합니다.

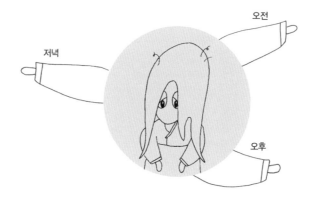

3.
확장하기

만난 사람, 집안일, 육아 등 크게 나누어
작성해 봐요. 시간대별로 무엇을 했는지
적어 봅니다. 시간이 없다는 핑계로 많은
것을 못하고 있지만, 작성하고 보면 허무
한 하루이기도 하네요.

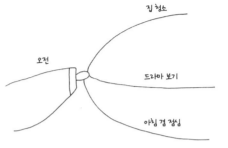

4.
완성하기

여러분의 오늘 하루는 어땠나요? 낭비한 시간은 없는지, 어
떤 일에 내가 마음을 쓰고 있는지 등이 눈에 보이나요? 그
렇다면 이를 토대로 내일의 계획도 세워 봅니다.

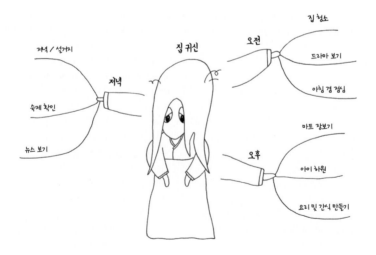

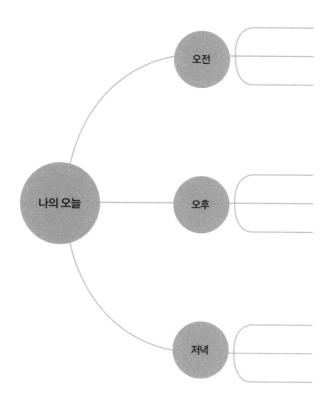

tip

1. 일기 쓰는 게 부담스러운 사람들에게는 이렇게 시간 순으로 간단하게 마인드맵을 그려 보는 것도 좋은 방법입니다.

2. 구체적인 시간을 옆에 적어 보는 것도 좋습니다. 몇 시부터 몇 시까지 청소, 몇 시부터 몇 시까지 독서.. 이런 식으로요.

51

나의 내일 (주부)

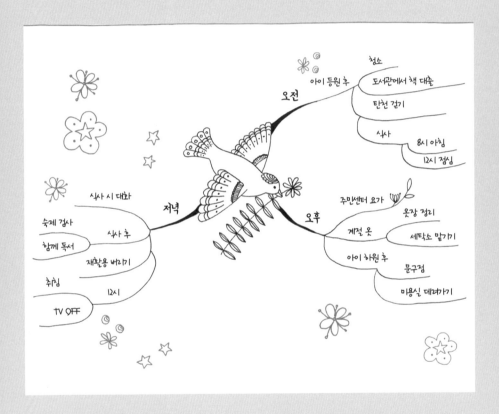

나의 하루가 변화되길 원한다면 앞장의 마인드맵을 보면서 이번 마인드맵을 그려 봅니다. 시간 관리란 '빠르고 완벽하게'라기보다는 '내 스스로에게 필요한' 시간을 만들어 나가는 것을 의미합니다.

1.
중심 주제 잡기

내가 원하는 것들을 하나씩 해 보는 시간
들로 변화시켜 볼게요. 무리하지 않는 선
에서 계획하는 것이 중요합니다.

2.
가지치기

앞장에서 했던 방식대로 오전/오후/저녁
으로 나누어 작성해 볼게요.

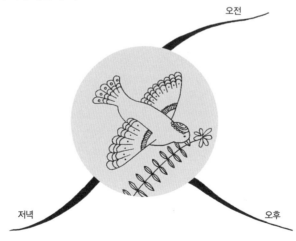

오전

저녁

오후

3.
확장하기

불가피한 스케줄은 그대로 놔두고, 내가 조절할 수 있는 시간만 조금씩 바꿔 봅니다. 거창한 계획(아침 6시 기상 후 운동)과 급격한 일상의 변화(TV 절대 안 보기)는 쉽게 포기할 수 있거든요.

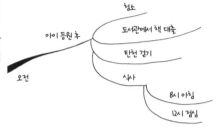

4.
완성하기

타인의 거창한 계획과 목표는 흉내는 낼 수 있어도 내 계획이 아니기 때문에 성공하기란 매우 힘듭니다. 나의 하루에 맞게 작성된 작은 계획과 목표는 실행하기 좋으며, 작은 성공의 반복은 변화를 가져옵니다.

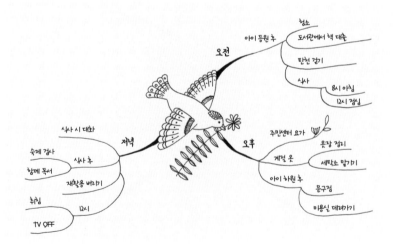

| 나의 내일 그리기 |

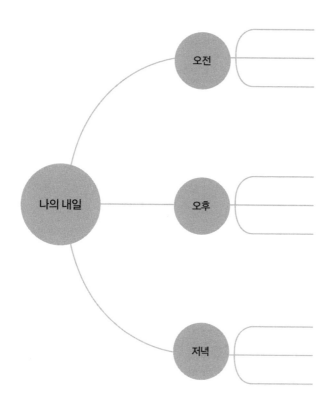

1. 오늘과 똑같은 내일이 예상되더라도 한두 개 새로운 계획을 넣어 봐요. '나를 위한 시간'이나 '그동안 미뤄왔던 일을 하나씩 끝내는 시간'으로 말이죠.

2. 많은 일을 계획하기보다 우선순위를 생각하며 시간대별로 작성해 봅니다.

11

나의 일주일 (주부)

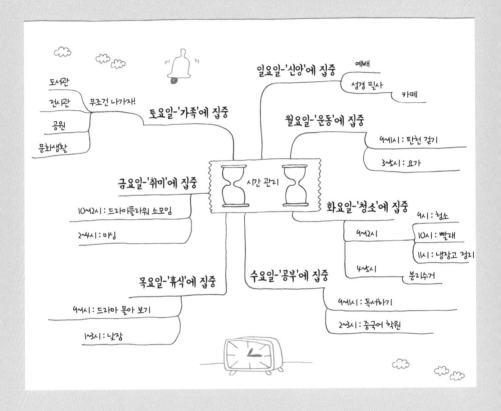

앞에서 오늘 하루와 내일을 계획하며 시간을 관리하는 법을 알아보았습니다. 이번에는 한눈에 보이는 일주일을 그려 봅니다. 시간을 관리하는 습관이 익숙해지면 더 큰 계획, 한 달, 일년, 3년 등으로 확장해 나갈 수도 있겠죠. 특히 시간 관리 마인드맵은 아이와 함께, 가족이 함께 그리면 많은 대화를 나눌 수 있고, 서로를 이해할 수 있는 시간도 되니 일석이조랍니다.

1.
중심 주제 잡기

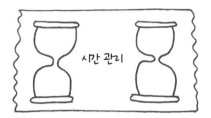

이번 주는 일주일이 어떻게 흘러갔는지 모르게 너무 빨리 지나갔다고요? 그럼 다음 주는 더욱 알차게 일주일을 보내기 위해 계획을 세워 봐요.

2.
가지치기

마인드맵의 가장 효과적인 가지치기 개수는 3~7개입니다. 그것이 기억하기에 좋은 최상의 숫자라고 해요.

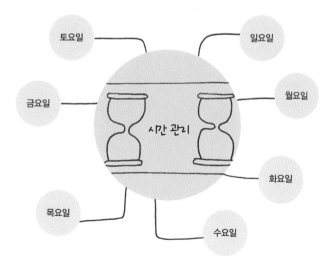

3.
확장하기

요일마다 '무엇'에 중점을 둘 건지 정하면 하루를 정신없이 보내는 일이 줄어들겠죠. '청소'에 집중하기로 결정했다면 관련된 일 3~4가지를 적어 봅니다.

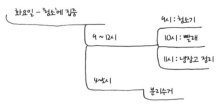

4.
완성하기

계획했던 휴식 시간은 몸에 회복을 주었지만, 계획에 없던 낮잠은 오히려 제게 후회와 실망감을 가져다주었습니다. 일주일 후 스스로를 점검해 보면서 더 나은 다음 주를 기약해 봅니다.

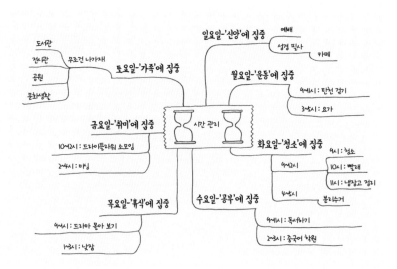

| 나의 일주일 그리기 |

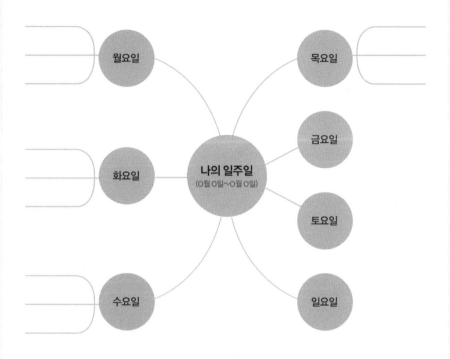

tip

1. 처음부터 너무 무리하게 잡기보다 하루에 2~3가지 일을 중점적으로 하는 것으로 잡아요. 이후 더 세분화해서 시간 관리를 하도록 해요.

2. 피드백을 할 때는 현재 마인드맵에서 가지를 확장하여 느낀 점, 아쉬웠던 점, 스스로에게 칭찬할 만한 점 등을 기록해요.

직장인의 오늘

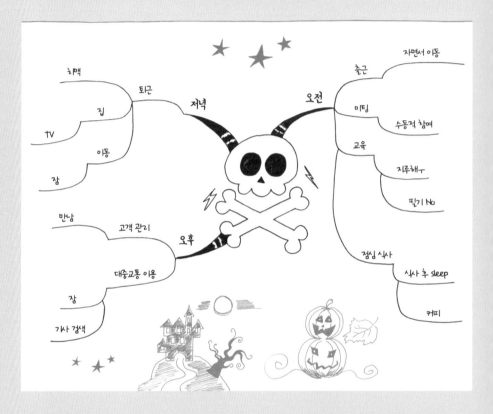

많은 직장인들이 집이 하숙집인지, 회사가 집인지 푸념할 정도로 많은 시간을 직장에서 보내고 있습니다. 회사-집, 다시 회사-집 반복되는 생활에서 시간 관리 역시 소홀해지기 쉬운 게 사실이고요. 하루 중 나를 위한 시간은 턱없이 부족하기만 한데, 그럴수록 시간 관리는 반드시 필요합니다.

1.
중심 주제 잡기

하루 24시간 중에서 과연 내가 생기 넘치
게 활동했던 시간은 얼마나 될지 한번 생
각해 봅니다. 계속 머리 위에 해골을 둥둥
떠우고 멍하니 있지는 않았나요?

2.
가지치기

앞장과 마찬가지로 하루를 알아보기 위해 오전/오후/저
녁으로 가지치기를 작성해도 좋고, 업무에 따라서 장소별,
시간별로 나눠도 됩니다.

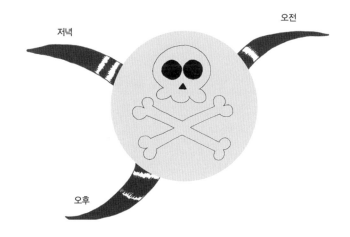

3.
확장하기

시간을 기록할 때에는 그 시간의 쓰임새가 수동적이었는지 능동적이었는지가 중요한 역할을 합니다. 능동적인 시간의 쓰임이 많을수록 알찬 하루였을 확률이 큽니다.

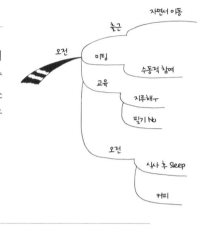

4.
완성하기

오늘 하루도 열심히 일한 당신! 떠나지는 못 하더라도 치맥으로 고단함과 스트레스를 날려 버리고, 내일 다시 활기차게 시작합시다! 출퇴근길 좋아하는 팟캐스트를 들으며 즐겁게 시작해 보고, 점심시간 가끔은 분위기 좋고 유명한 맛집도 찾아 가며 나를 위한 시간을 늘려 봐요.

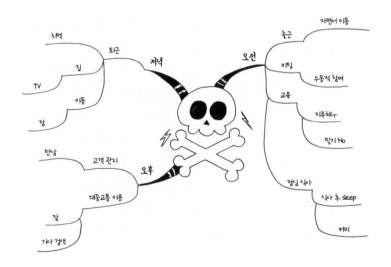

| **나의 오늘(직장인) 그리기** |

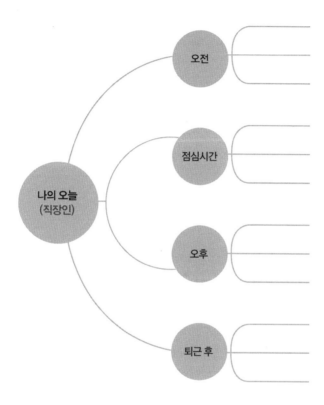

tip

1. 오늘 해야 할 일을 우선순위를 정해서 나열한 후에 1에서 3번까지는 오전에, 4~6번까지는 점심시간 후 이런 식으로 마인드맵을 그려 보는 방법도 있어요.

직장인의 내일

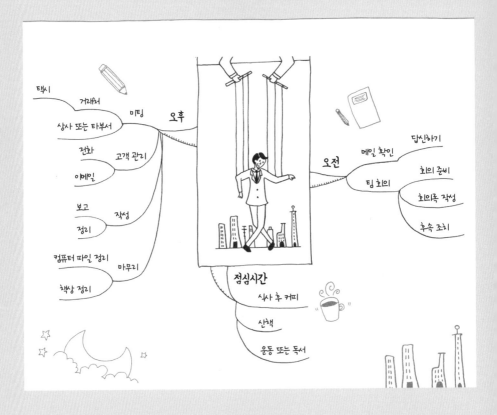

시간이 없다는 것은 단지 내 우선순위에 있지 않다는 핑계일 뿐입니다. 제가 아는 어떤 분은 매일 같이 야근을 하면서도 제과제빵자격증을 취득해 주변을 깜짝 놀래키기도 했습니다. 그분은 제2의 인생을 위해 틈틈이 시간을 내어 배웠다고 하더군요. 이렇듯 오늘 하루가 쌓여 미래가 만들어집니다. 좀 더 적극적으로 나의 하루를 변화시켜 봐요.

1.
중심 주제 잡기

웃는 얼굴과 적극적인 자세로 하루를 변화시켜 봅니다. 꼭두각시처럼 수동적으로 움직이는 것이 아닌 자발적인 의지가 필요하다는 의미를 담아 그렸어요.

2.
가지치기

직장에 있는 시간을 기준으로 오전/점심시간/오후로 나누어 보았습니다.

3.
확장하기

거창하고 큰 변화를 계획하기보다는 사소하지만 업무에 방해가 되지 않는 선에서 나를 위한 시간을 갖는 것으로 계획했습니다.

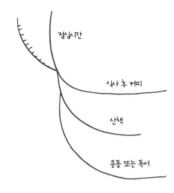

4.
완성하기

직장에서의 시간을 스스로 주도할 수 있도록 작성해 보세요. 내가 주도하는 하루와 끌려가는 하루는 상당히 다른 결과를 가져온답니다.

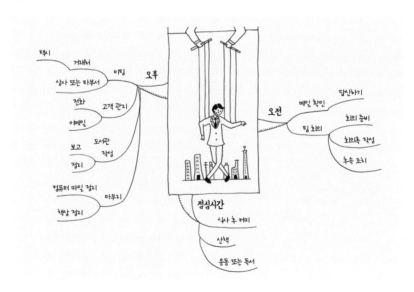

| **나의 내일(직장인) 그리기** |

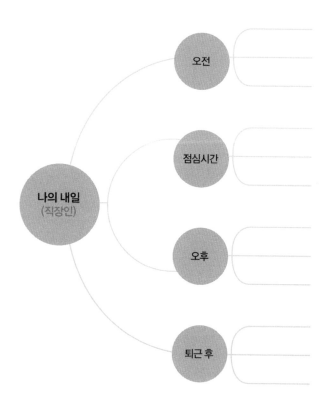

tip

1. 상위 가지에 해야 할 일, 다음 가지에 부수적으로 따라오는 일 등을 꼬리에 꼬리를 물어 확장할 수 있어요.
(예. 팀 회의 → 회의 자료 준비 → 회의록 작성 → 회의 결과에 따른 후속 조치(보고서 작성, 다른 팀과의 협의, 자료 찾기 등)

나는 시간 관리를 잘하고 있는가?

1

유명 강사의 강의를 듣거나,
책을 통해 깨달음을 얻고
변화하리라 마음먹지만
우린 금세 의지가 꺾이고,
예전과 다름없는 나로 돌아가곤 합니다.
그것은 바로 꿈은 꿈대로 두고,
내가 그 꿈을 향해 갈 수 있는
방법에 대해선 구체적으로 계획을
세우지 않기 때문입니다.

2

꿈을 크게 꾼 탓일까요?
그렇다고 손에 닿을 것 같은
작은 꿈만 꾸는 게 맞을까요?
꿈의 크기는 중요하지 않습니다.
꿈에 다가가기 위해서
우리가 해야 할 일은
꿈과 연결되어진 아주 작은 행위를
24시간 안에 행하는 것입니다.

3

2010년,
마인드맵을 처음 접했던 저는
그때 단 10분의 강의로
제 인생이 바뀌게 되었습니다.
나의 꿈을 중앙에 그림으로 그려 넣고,
그 꿈을 위해 할 수 있는 실행 계획을
가지로 작성했습니다.
그리고 세부 가지를 확장해 나가면서
실행을 위한 시간 계획을 기록했습니다.
그리고 매일 조금씩 실천하였습니다.
가장 끝에 작성한
아주 작은 행위를 말입니다.

4

꿈을 위해
거대한 계획이 필요하다고
생각하는 분들은 꿈을 이루기 쉽지 않습니다.
그 계획을 위해서 내가 포기해야 할 것들이
많아지기 때문입니다.
지금 나의 행동 패턴과 큰 차이가 있으면
포기가 쉽게 됩니다.
하지만 꿈의 크기와는 상관없이 세부 가지를
계속 작성해 나가다 보면
사소하지만 당장 실천할 수 있는
일들이 보일 거예요.
그것부터 시작하면 됩니다.

5

효도하고 싶은데
못하고 있는 이유가
'시간이 없어서?' '돈이 없어서?'
그렇다면 지금 바로 책을 덮고,
자신의 하루를 기록해 보는 건 어떨까요.
생각보다 많은 시간이 있지만
그 시간에 우리는 다른 것에 집중하고 있습니다.
당장 할 수 있는 방법들이 많지만
우리는 지금의 나와는 상관없는
거창한 방법들만 떠올리며
시도하지 않는 거죠.

6

효도
→ 부모님을 기쁘게 해드리는 것
→ 자주 연락하기
→ 일주일에 두 번 정도
→ 그중 오늘
→ 바로 지금

7

마인드맵을 통해
시간 관리를 한다는 것은
목표를 위한 계획을
세우는 것과 비슷합니다.
가지치기를 하면서
'내가 할 수 있는 것'에 집중하세요.
'작은 계획'까지
나누어 보세요.

8

1. 목표를 기록하고
2. 실행할 수 있는 일을 작성하고
3. 그 일을 해낼 시간과 장소 결정하기

이 세 가지를 익숙할 때까지
반복한다면 당신은 분명 크고 작은 목표들을
계속 이뤄 나갈 수 있을 것입니다.
그 성공을 마인드맵이
분명 돕고 있을 거예요!

목표 관리

앞에서 다룬 자기 관리, 시간 관리 모두 이번 장을 위한 연습이라고 해도
과언이 아닐 정도로 '목표 관리'는 마인드맵의 핵심이라고 할 수 있습니다.
나에 대해 알고, 시간을 관리하는 법을 알았다면
구체적인 목표를 정해 변화되는 자신의 모습을 기대해 봅니다.

14

나의 인생

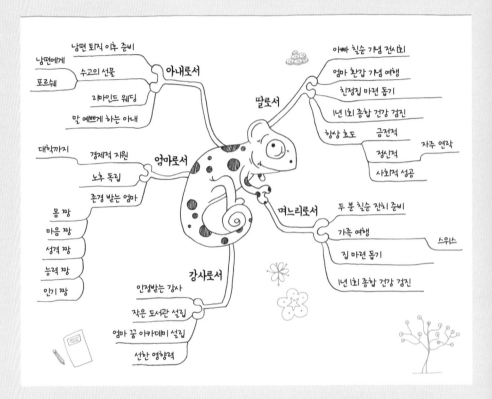

- 아내로서
  - 남편 퇴직 이후 준비
  - 남편에게 / 포르쉐 수고의 선물
  - 리마인드 웨딩
  - 말 예쁘게 하는 아내

- 딸로서
  - 아빠 칠순 기념 전시회
  - 엄마 환갑 기념 여행
  - 친정집 마련 돕기
  - 1년 1회 종합 건강 검진
  - 항상 효도 / 금전적 / 정신적 / 자주 연락 / 사회적 성공

- 엄마로서
  - 대학까지 경제적 지원
  - 노후 독립
  - 존경 받는 엄마

- 며느리로서
  - 두 분 칠순 잔치 준비
  - 가족 여행 / 스위스
  - 집 마련 돕기
  - 1년 1회 종합 건강 검진

- 몸 짱
- 마음 짱
- 성격 짱
- 능력 짱
- 인기 짱

- 강사로서
  - 인정받는 강사
  - 작은 도서관 설립
  - 엄마 꿈 아카데미 설립
  - 선한 영향력

10년 뒤, 나와 함께 늙어가는 남편, 마냥 아기로 보이는 자식들은 몇 살이 되나요? 3년, 5년, 10년 뒤 그때그때 잊지 않고 해야 하는 일이나 원하는 모습이 있을 거예요. 예를 들면 3년 후 아이가 초등학교 입학이라면 엄마로서 어떤 준비를 해야 할지 미리 작성해 보고 체크할 수 있겠죠. 부모님이 5년 후 칠순이라면 자식으로서 해드리고 싶은 것을 떠올려 볼 수도 있고요.

1.
중심 주제 잡기

우리는 한평생 살면서 참 다양한 역할을 해냅니다. 환경이나 감정의 변화에 따라 몸의 색을 바꾸는 카멜레온처럼 다양한 역할을 해내고 있는 당신도 참 멋진 사람입니다.

2.
가지치기

저는 딸이자 며느리이자 아내이자 엄마입니다. 다양한 역할을 소화해야 하는 우리는 각각의 자리에서 꼭 해야 하는 일들이 있을 거예요.

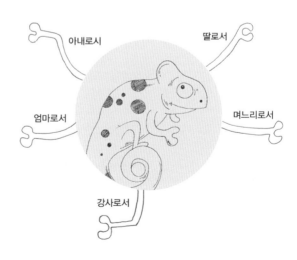

아내로시
딸로서
엄마로서
며느리로서
강사로서

3.
확장하기

주어진 일들이 있는데 생각에만 머무르다 잊고 사는 건 아닌지 시각적으로 나타내 봅니다. 아이들에게 엄마의 모습은 어떻게 비춰지고 싶은지, 엄마의 역할을 잘하고 있는지 돌아보는 거죠.

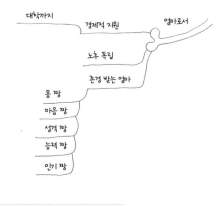

4.
완성하기

가능성이 있고 없고를 떠나 머릿속에 떠오르는 모든 내용들을 작성합니다. 생각조차 하지 않으면 어떠한 계획도 세울 수 없으니까요.

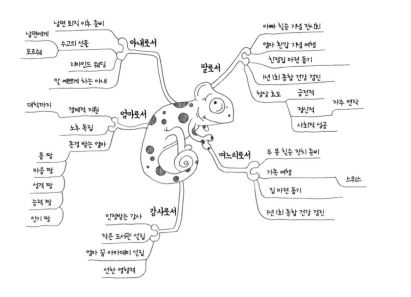

| 나의 인생 그리기 |

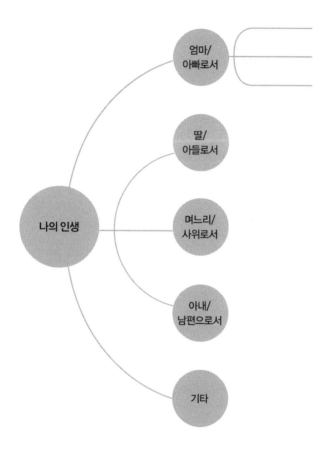

---

tip

1. 작성한 목표 옆에 구체적인 날짜를 넣어 가지를 확장해 보세요. 막연히 1년 후도 좋고, 0000년 0월 0일로 명확하게
적을 수 있디면 날짜까지 적어 봅니다.

15

가정 경제 계획

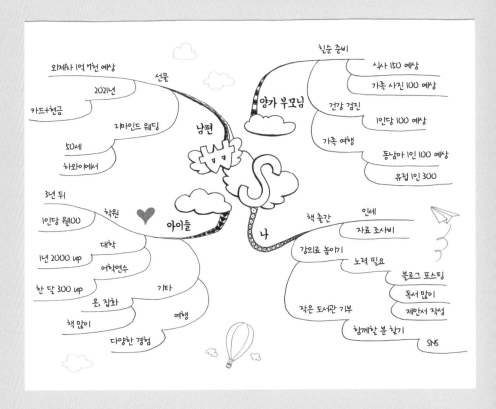

어디에 삶의 가치를 두냐에 따라 금전 계획이 중요할 수도, 부수적인 걸 수도 있어요. 경제 관념이 전혀 없던 저 역시 단순히 먹고살 수 있는 정도의 수입만 있으면 된다 생각했죠. 하지만 결혼하고 아이를 키우다 보니 예상치 못한 일이 생기고, 합리적인 소비가 왜 필요한지 깨닫게 되었어요. 이 마인드맵 역시 가족과 함께 작성해 보며 대화의 시간을 가져 보기를 권합니다.

1.
중심 주제 잡기

'저축'. '계산기', '돈' 일러스트 등을 검색해서 따라 그려 봤어요. 따라 그리는 작업도 우뇌를 자극시키는 훈련이 됩니다.

2.
가지치기

앞에 작성했던 마인드맵을 보고 가지치기 해 보았습니다.
나의 역할을 수행하기 위한 비용들을 예측할 수 있어요.

3.
확장하기

금전 계획을 세우기 위해선 정보도 필요하고, 계산도 필요합니다. 작성하면 할수록 좀 더 나에게 맞는 현실적인 마인드맵이 되어 갑니다.

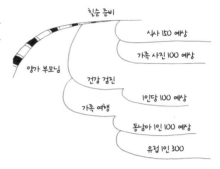

4.
완성하기

숫자가 들어가는 마인드맵의 경우, 상위에서 하위 가지로 갈수록 나누어 계산하며 작성하는 것이 효과적입니다.

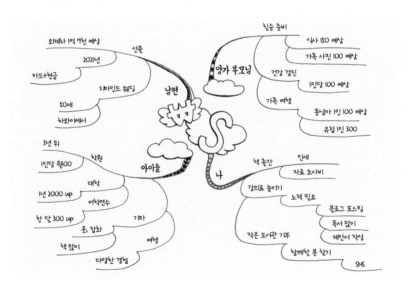

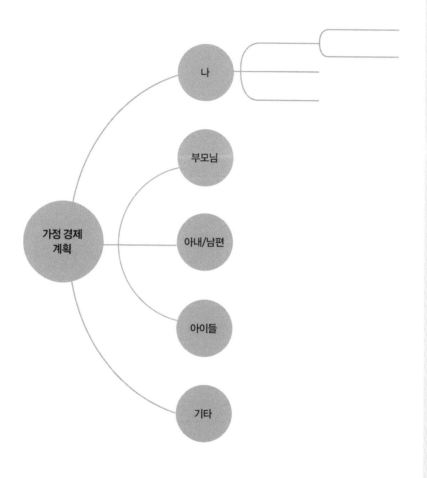

1. 분류를 다르게 할 수도 있어요. 주거비, 생활비, 양육비, 노후 자금, 기부금 등 자신이 계획하기 편한 방법으로 자유롭게 적어 봐요.

16

노후 계획

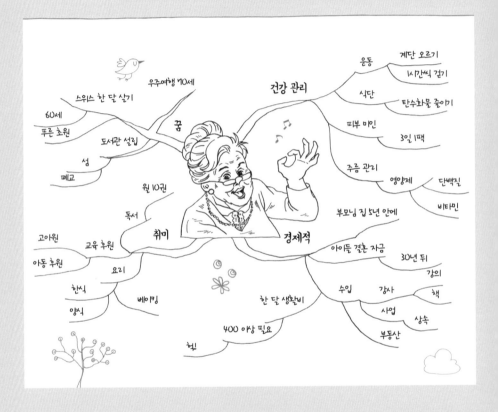

대한민국의 장년층 자살률이 높은 이유가 바로 '꿈'이 없어서라고 합니다. 든든한 노후 자금을 준비하는 것도 중요하지만 100세 시대를 살아가기 위한 노후 계획으로 우리의 꿈을 한번 그려 봅니다.

1.
중심 주제 잡기

할머니가 된 내 모습은 어떨까? 저는 인자한 얼굴에 고운 피부, 유쾌한 성격을 지닌 할머니가 되고 싶어요.

2.
가지치기

경제적 수준도 예측해 보고, 꿈과 건강 관리 등도 나이에 맞게 작성해 봅니다. 상상과 기록을 통해 내 노후를 미리 경험해 보는 것도 참 재미있네요.

3.
확장하기

가지를 계속 뻗어 나가면서 현실 점검을 할 수 있고, 세부적인 계획이 나오기도 합니다.

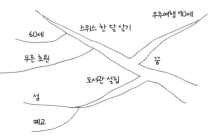

4.
완성하기

먼 미래를 그려 보는 것이 쉬운 작업은 아니지만 예측해 본 미래를 통해 현실을 점검하고, 새로운 다짐을 하게 합니다. 미래는 현재의 나를 통해 만들어지니까요.

| 나의 노후 계획 그리기 |

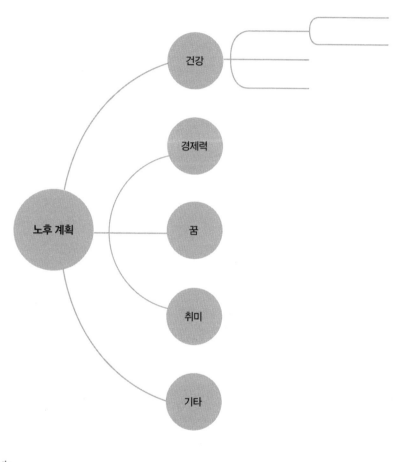

17

다이어트 1 (실패 분석)

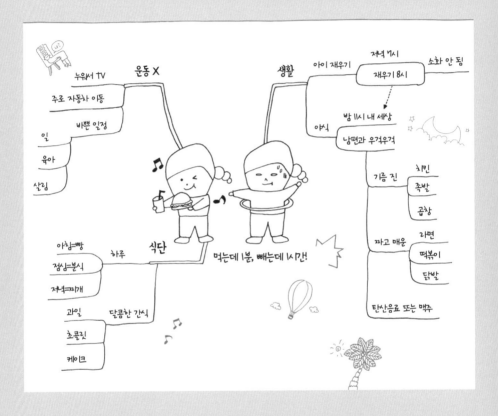

신년마다 아니 어쩌면 매일 같이 우리는 다이어트를 다짐하고 계획합니다. 하지만 성공하는 사람은 드물고, 성공하더라도 그 체중을 오랫동안 유지하는 것은 더욱 힘들고요. 그 이유가 무엇인지 우선 나의 생활 패턴을 마인드맵으로 작성하여 실패를 분석해 볼게요.

1.
중심 주제 잡기

제 스스로에게 일격을 가하고 싶은 말입니다. '먹는데 1분, 빼는데 1시간!' 먹기 전이 문구를 머릿속에 되뇌며 흔들리지 말기!

2.
가지치기

분명히 우리는 살찌는 이유를 알고 있습니다. 가장 중요한 식단, 그 다음은 운동, 몸에 배어 있는 습관 등 솔직하게 종이 위에 털어놓습니다.

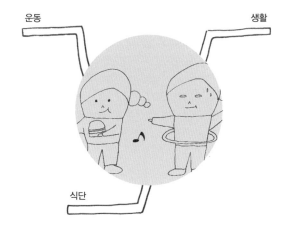

운동   생활

식단

3.
확장하기

가지를 확장하며 적다 보니 답은 정해져
있고, 이미 우리는 답을 알고 있었네요. 내
가 무엇을 좋아하고 있고, 무엇을 이겨 내
지 못하는지 말입니다.

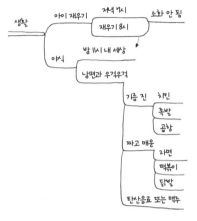

4.
완성하기

다이어트를 실패하는 뻔한 이유들이 종이 위에 모두 기록되었습니다.
내가 바꾸어야 할 생활 패턴과 식습관이 눈에 들어올 거예요. 하루아침
에 바꿀 수는 없겠지만, 실행 가능한 것부터 하나씩 시작해 봐요.

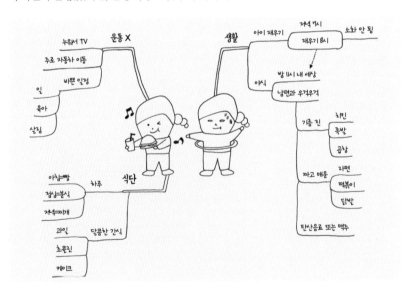

│ **나의 다이어트 1 (실패 분석) 그리기** │

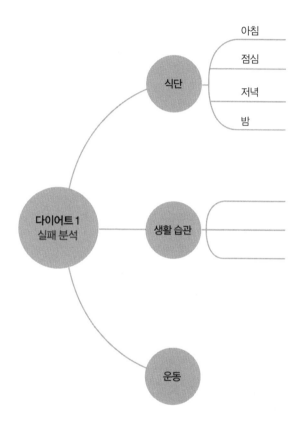

1. 여러분들도 제가 그린 마인드맵과 크게 다르지 않을 거라 생각되는데요. 식단이 가장 중요하기 때문에 오전/오후/저녁/밤 이렇게 시간으로 분류하여, 오늘 하루 먹은 것을 전부 적어 보는 것도 좋은 방법입니다.

18

다이어트 2 (정보조사)

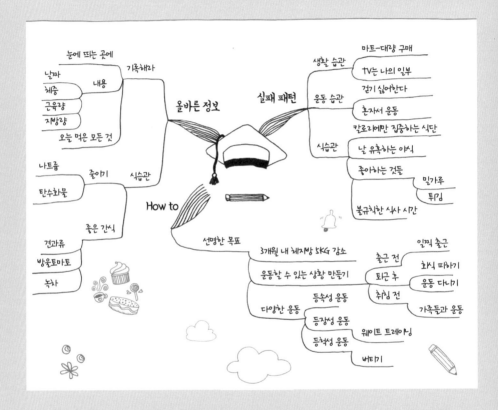

얕은 정보는 모르는 것보다 더 위험합니다. 실패의 원인을 알았다면 이제는 내게 필요한 정보를 알아봐야 합니다. 사람마다 생활 패턴도, 몸 상태도 다르기 때문에 자신에게 적합한 방법을 찾는 것이 중요해요. '원 푸드 다이어트', '무작정 굶기', '1일 1식' 등과 같은 극단적인 선택보다 나에게 맞는 방법을 조사를 통해 알아봐요.

1.
중심 주제 잡기

도전을 하려면 관련 정보를 제대로 알고 하는 것이 성공 확률이 더 높겠죠. 그래서 전 다이어트도 공부하자는 의미에서 학사 모를 그렸어요.

2.
가지치기

실제 다이어트에 성공한 사람의 경험을 토대로 세 가지 방향으로 정리했어요. 첫 번째 실패 패턴, 두 번째 선명한 목표(How to), 세 번째 올바른 정보!

올바른 정보

실패 패턴

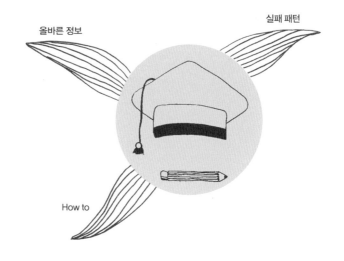

How to

3.
확장하기

제가 제일 인상 깊었던 것은 다이어트 역
시 기록이 중요하다는 점이었어요. 마인
드맵을 작성하며 생각을 정리하고 새로운
아이디어를 얻을 수 있듯이, 다이어트도
매일 정확한 숫자를 기록하며 분석하는
것이 중요합니다.(《생존 다이어트》참고)

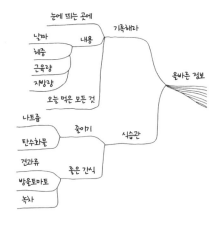

4.
완성하기

다이어트 성공 조건은 의지, 식단, 운동의 비율이 5:4:1이라고 해요. 그
만큼 운동의 비율은 생각보다 낮으니 운동에 대한 부담감은 내려놓고,
마인드맵을 작성하며 굳은 의지를 다지기를 바라요.

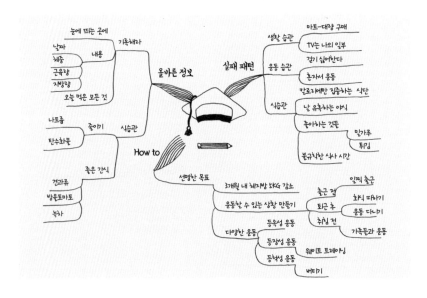

| **나의 다이어트2 (정보 조사) 그리기** |

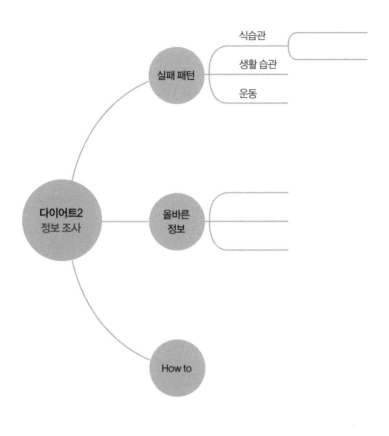

---
tip

1. 전부 아는 내용이라 할지라도, 기록하여 눈에 보이도록 정리하는 것이 이번 마인드맵의 목표입니다.

2. 다이어트에 좋은 음식, 방해하는 음식, 다이어트에 효과적인 운동, 집에서 간단히 할 수 있는 운동으로 나누어 정리할 수도 있어요.

19

다이어트 3 (장기 계획)

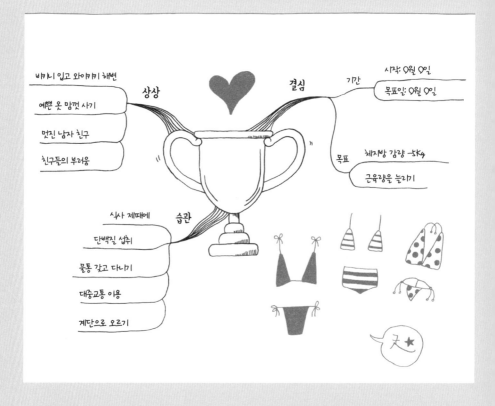

상상
- 비키니 입고 와이키키 해변
- 예쁜 옷 맘껏 사기
- 멋진 남자 친구
- 친구들의 부러움

결심
기간
- 시작: 0월 0일
- 목표일: 0월 0일

목표
- 체지방 감량 -5kg
- 근육량을 늘리기

습관
식사 제때에
- 단백질 섭취
- 물통 갖고 다니기
- 대중교통 이용
- 계단으로 오르기

굿★

본격적으로 나에게 맞는 다이어트 계획을 마인드맵으로 작성해 볼게요. 매번 다이어트에 실패하는 이유와 유용한 정보도 파악했으니 이제 조합하여 구체적인 목표를 세울 수 있겠죠. 보통 우리는 단기 계획을 세운 후, 장기 계획으로 확장한다 생각하기 쉬우나, 장기 계획을 먼저 세운 후 이를 잘게 쪼개어 단기 계획을 세우는 게 더욱 효과적입니다.

1.
중심 주제 잡기

꼭 성공하겠다는 의지를 담아 나에게 상을 주는 트로피를 그려 보았습니다. 그리고 래쉬가드를 대신하여, 와이키키 해변에서 입고 싶은 비키니도 그려 넣었습니다.

2.
가지치기

저는 첫 번째 구체적인 '결심(목표)', 두 번째 사소하지만 실천 가능한 '습관', 세 번째 포기하고 싶을 때마다 의지를 다지기 위한 다이어트 성공 후 나의 모습을 '상상'하는 것으로 가지를 잡았습니다.

3.
확장하기

목표를 정확한 숫자로 기록합니다. 이를
언제까지 완성하겠다는 기간도 넣고요.
단순히 체중을 기록하기보다는 근육량과
체지방을 분리해서 분석하는 것이 다이어
트를 꾸준히 이어 갈 수 있어요.

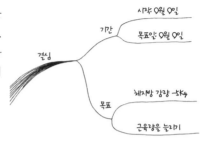

4.
완성하기

물론 다이어트 한약, 양약, 병원 시술 등의 도움을 받는 방법도 있지만, 처음부
터 쉬운 지름길을 택하면 요요 현상도 빨리 오고 결국 실패하고 맙니다. 먼저 내
가 할 수 있는 사소한의 행동과 습관의 변화들로 시도해 봐요.

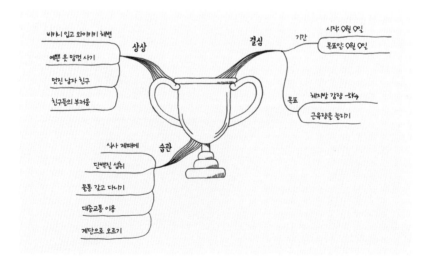

| **나의 다이어트3 (장기 계획) 그리기** |

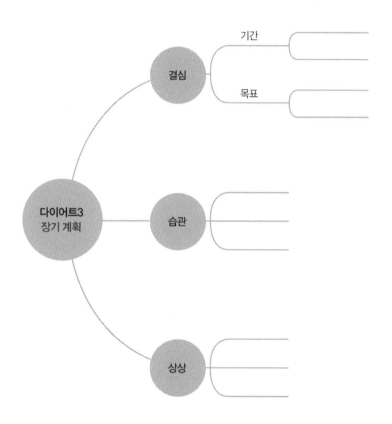

tip

1. 장기 계획은 구체적인 날짜가 있다면 이를 명시하여 적어 봅니다.
(예, 기간 : 시작 날짜 ~ 아이 돌잔치 OO월 OO일까지 → 목표 : 머메이드 원피스를 소화할 수 있게 체중 5kg 감량, 원래 몸무게로 돌아가기 위해 추가 2kg 감량)

다이어트 4 (단기 계획)

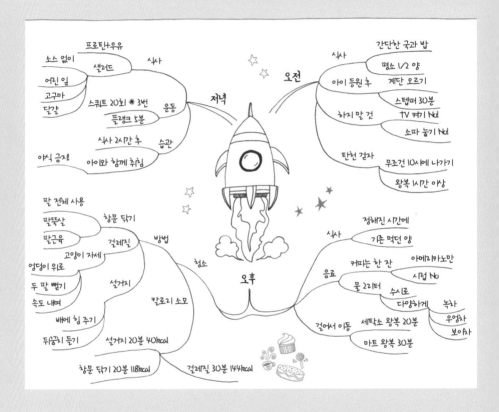

장기전에 대비하기 위해서는 다시 계획을 잘게 쪼개어 단기 계획을 세워야 합니다. 처음 시작은 일상생활에 무리하지 않는 선에서, 평상시 생활 패턴과 크게 달라지지 않는 선에서 잡아 보고, 이를 완성하면 한 단계 높여 계획을 업데이트 합니다.

1.
중심 주제 잡기

10, 9, 8, 7.... 3, 2, 1 START! 자, 오늘부터 새로운 마음으로 다시 다이어트를 시작하는 겁니다. 나이와 함께 커지는 체중계 숫자들도 이제 멀리 떠나보낼 준비가 되었나요?

2.
가지치기

하루하루가 쌓여 일주일이 되고 한 달이 되는 만큼, 오전/오후/저녁으로 나누어 생활 패턴에 맞추어 계획합니다.

3.
확장하기

저녁에는 특히 야식의 유혹이 크기 때문에 저녁 식사 후 운동하고, 일찍 잠자리에 드는 것으로 계획을 잡았습니다. 운동은 운동량과 시간을 조금씩 늘리는 방향으로 하고요.(《생존 다이어트》 참고)

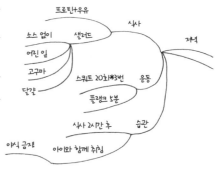

4.
완성하기

너무 거창한 계획을 세우기보다는 생활 속에서 내가 실천할 수 있는 작은 일들로 작성합니다. TV를 습관적으로 켜지 않기, 하루에 물 2리터 마시기, 자주 가는 곳은 걸어서 이동하기 등과 같은 작은 다짐이 필요해요.

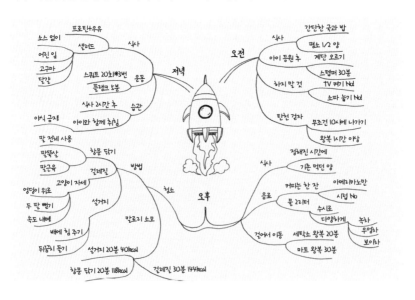

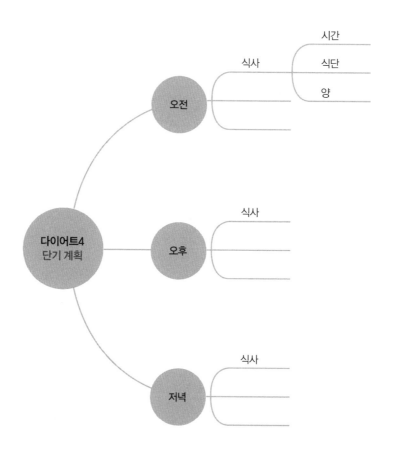

---

tip

1. 단기 계획 역시 목표한 체중에 도달했을 경우, 업데이트가 필요합니다. 지금 마인드맵에서 수정하거나 가지를 확장해 나가도록 해요.

2. 예를 들어 물을 2리터 마시기로 정했다면, 다음 가지에는 어떻게?, 무엇을? 등으로 확장할 수 있어요.

할 수 있는 일

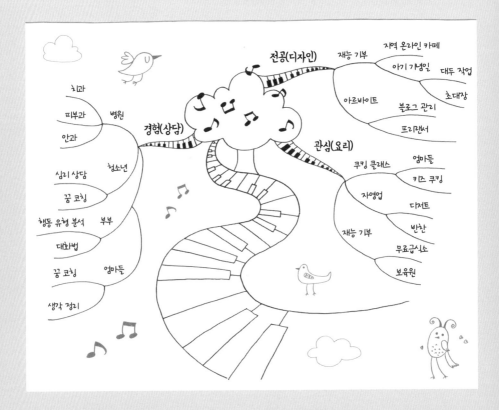

"나는 과연 뭘 할 수 있을까?", "예전에는 나도 잘나갔는데 지금은 쓸모없는 사람이 된 거 같아." 자존감은 바닥으로 떨어지고, 자신감도 점점 잃어가는 경단녀들의 하소연입니다. 지나간 시간 속에 잊고 있었던 나의 경험과 재능을 떠올리며, 내가 할 수 있는 일들을 찾아 반짝이던 원래의 나의 모습으로 돌아가자고요!

1.

중심 주제 잡기

어떤 씨를 심느냐에 따라 다양한 열매를
맺을 수 있는 희망의 나무입니다.

2.

가지치기

예를 들어, 대학에서 디자인을 전공했던 점, 말을 잘한다는 점을
살려 상담 일을 해 본 경험, 요리에 관심이 많아 요리를 배웠던 것
모두 내가 할 수 있는 일입니다.

3.
확장하기

상위 가지를 활용하여 할 수 있는 다른 것
들이 있다면 적어 봅니다. 예를 들어 요리
라고 한다면 쿠킹 클래스를 열 수도 있고,
자영업을 생각해 볼 수 있고, 도움이 필요
한 곳에 재능 기부도 할 수 있고요.

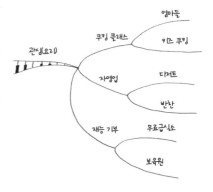

4.
완성하기

작성하다 보면 내가 제일 잘하는 일, 가장 하고 싶은 일이 뚜렷하게 보일 거
예요. 한 가지 생각만으로 멈추지 말고, 조금 더 깊게 나아가는 '확장된 사
고'를 연습하세요. 마인드맵은 생각을 확장해 나가는 과정이 중요하답니다.

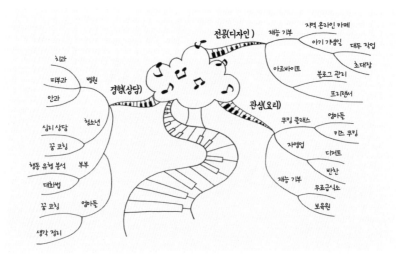

| **내가 할 수 있는 일 그리기** |

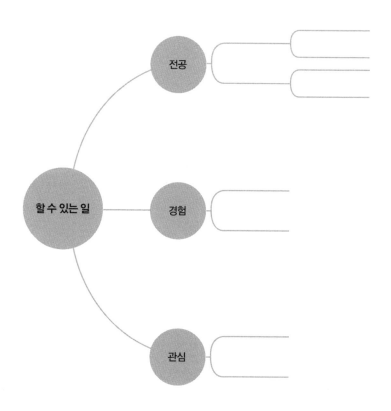

tip

1. 뒤에서 다룰 '하고 싶은 일'과 결합하여 마인드맵을 작성해 보는 것도 좋아요.

하고 싶은 일

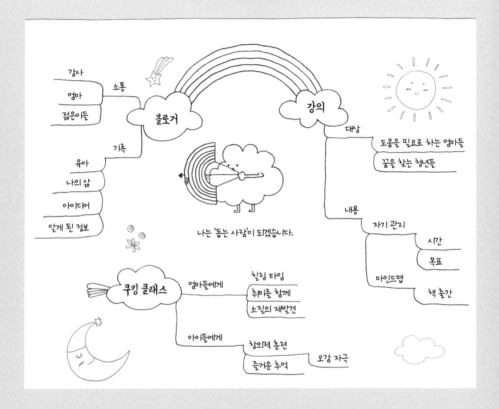

나는 돕는 사람이 되겠습니다.

저는 마인드맵 강사로서 강의를 하고, 동네 엄마들 대상으로 재능 기부를 진행하면서 한 가지 하고 싶은 일이 추가되었습니다. 그동안 강의하면서 느낀 점들을 책 한 권에 담아 좀 더 많은 사람들과 마인드맵의 효과를 공유하고, 도움을 주고 싶다는 꿈이었습니다. 어느덧 이렇게 하고 싶은 일이 현실화되서 책을 쓰게 된 저의 모습에 여러분도 용기를 얻길 바랍니다.

1.
중심 주제 잡기

저는 '돕는 사람'이 되고 싶습니다. 제가 갖고 있는 재능을 통해 많은 분들께 꿈꾸는 방법을 알려드리고 싶어요. 그래서 상대를 찾아 활을 쏘는 이미지를 그려 보았습니다.

2.
가지치기

앞에서 작성한 '할 수 있는 일' 중에서 '하고 싶은 일'로 가져온 가지도 있고, 새로 관심이 생겨 추가한 가지도 있습니다.

3.
확장하기

조금 더 세부적으로 내용을 작성합니다.
누구를 대상으로, 언제 어떤 내용으로 할
건지 등 자세히 적습니다.

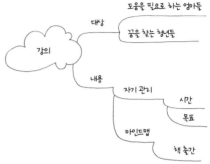

4.
완성하기

하고 싶은 일이 많아 무한대로 가지가 뻗어 나가고 있나
요? 작성하고 나니 눈빛이 빛나면서 자신이 반짝반짝 빛나
는 사람이 된 것 같아 기분 좋아지는 시간입니다.

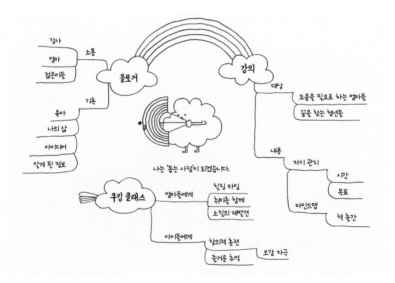

| 내가 하고 싶은 일 그리기 |

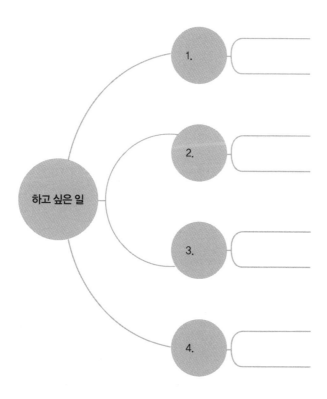

tip

1. 앞에서 다룬 '할 수 있는 일'이나, '배우고 싶은 것'과 결합하여 마인드맵을 작성해 보는 것도 좋아요.

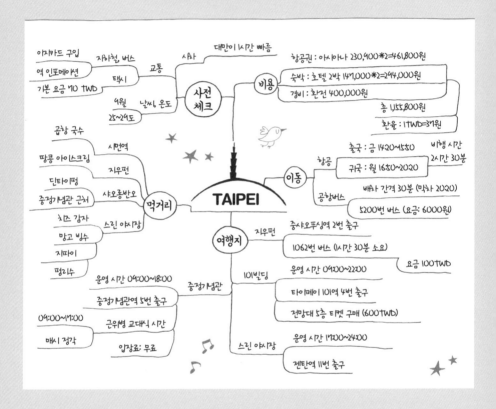

23 여행 준비 1 (정보 조사)

"이번에는 어디로 여행을 떠날까?" 여행지를 정하는 순간부터 이미 마음은 그곳에 가 있고, 설렘이 시작됩니다. 목적지와 여행 날짜를 정하면 그와 관련된 항공, 숙박 예약 및 여행지에 대한 정보를 파악해야 하죠. 귀찮다 생각할 수도 있지만, 이런 준비 과정이 저는 더 기대감과 즐거움을 주는 것 같아요.

1.

중심 주제 잡기

얼마 전 다녀온 대만을 예를 들어 볼게요. 대만 여행 필수 코스인 101타워를 중심 이미지로 잡아 봤어요.

2.

가지치기

제일 중요한 비용, 교통(이동 방법), 여행지, 먹거리, 기후 등 여행 시 중요한 것들로 크게 나누었어요.

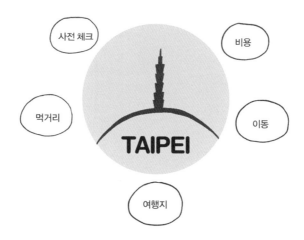

3.
확장하기

기본적으로 사전 체크해 봐야 할 시차, 교
통, 현지 날씨 및 온도 등으로 분류하여,
각각의 내용을 적어 봅니다. 유용한 정보
등도 함께 기록해요.

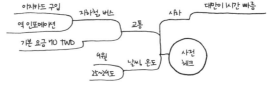

4.
완성하기

작성하고 나니, 대만에서의 일정이 머릿속에 그려지면서, 현지인처럼 자유
롭게 거리를 활보할 수 있을 것 같은 자신감이 생깁니다. 이 마인드맵은 여
권과 함께 소중하게 잘 갖고 다니도록 해요.

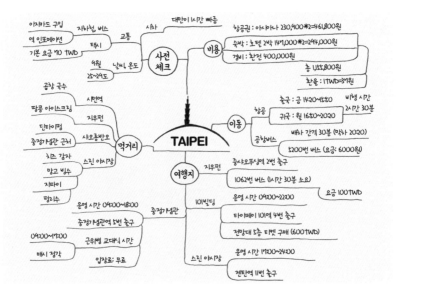

| **나의 여행 준비1 (정보 조사) 그리기** |

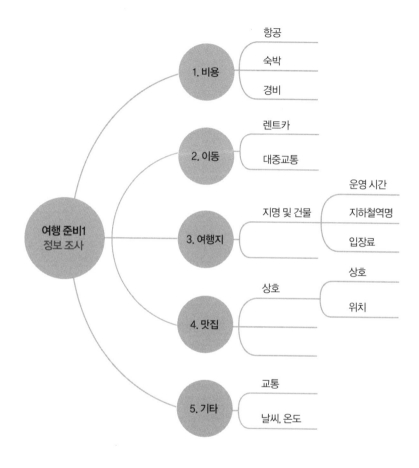

tip
1. 여행지의 경우 건물 및 지명 이름 → 운영 시간, 지하철 역 출구, 티켓 구입 방법 → 요금 순으로 가지를 확장해 나갑니다.

여행 준비 2 (짐 싸기)

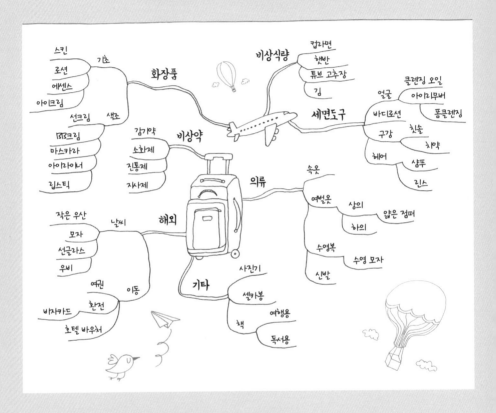

사실 전 여행지에 도착할 때보다 여행 가방을 쌀 때 가장 행복하고 설레곤 합니다. 이민이라도 가는 것처럼 가방이 터질 듯 쑤셔 넣어 보지만 막상 여행지에 가면 놔두고 온 무언가가 아쉬울 때가 있더라고요. 편안하고 즐거운 여행을 위해서 준비물이 무엇이 있는지, 마인드맵으로 체크리스트를 작성하며 꼼꼼하게 챙겨 봐요.

1.
중심 주제 잡기

여행 하면 떠오르는 이미지 어떤 것이든
좋아요. 비행기, 여행 가방, 여행지에 상징
적인 건물들(에펠탑, 오페라하우스, 피사의
사탑 등)로 자유롭게 그려요.

2.
가지치기

종류별로 크게 분류해 봤어요. 의류, 화장품, 세면도구, 비
상식량과 비상약, 기타 등 더 추가할 것들이 있다면 하위
가지에 담아요.

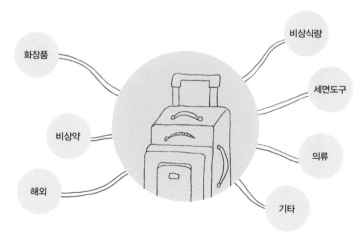

3.
확장하기

해외에 갈 때는 더 준비할 것이 많죠. 날씨를 예측할 수 없으니 우비와 우산도 챙기고, 여권과 호텔 바우처는 절대 빠트려서는 안 되고요.

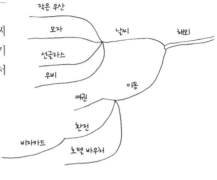

4.
완성하기

기록한 후 빠진 것이 없는지 다시 한 번 체크해 봅니다. 한번 작성해 둔 마인드맵은 나중에 그곳을 다시 가게 되거나, 다른 곳에 여행을 갈 때 도움이 되니 잘 보관해 놓는 것이 좋겠죠.

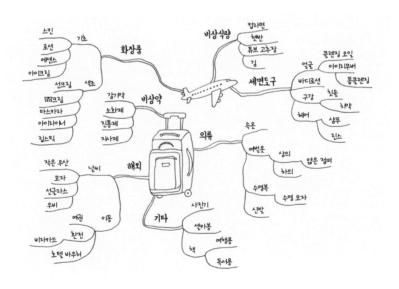

| 나의 여행 준비2 (짐 싸기) 그리기 |

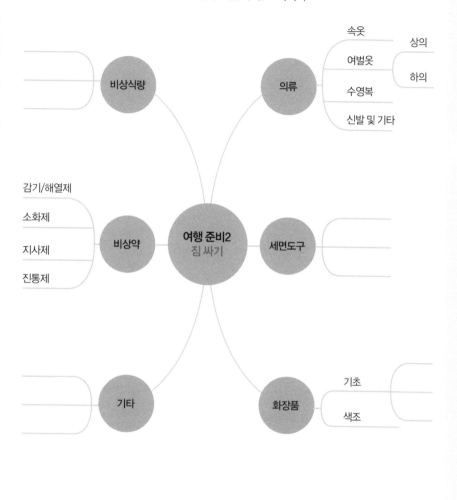

1. 가족 여행 시 구성원에 따라 큰 가지를 나눠볼 수도 있어요. (예, 남편/아내, 나, 아이들, 부모님)

나는 어떤 목표를 갖고 있는가?

1

저 역시
좋은 학교만 들어가면
꿈이 이뤄질 거라 생각했던
시절이 있었습니다.
"로또라도 당첨되면 얼마나 좋을까?"
하는 허황된 꿈을 꾼 적도 있고요.
(아직도 가끔은 그런 꿈을 꾸긴 합니다.^^)
학창 시절엔 좋은 대학을,
대학생이 되어서는 좋은 직장을,
취업 후에는 승진이나 높은 연봉을
목표로 두며 그냥 그렇게
살아왔던 것 같습니다.

2

《하버드 스타일》
이라는 책을 보면
대한민국의 학생들과
전 세계 각국의 학생들을 비교하는
사례가 있습니다.
우리나라 학생들은 어릴 때부터 꿈을 위한
자기 관리 방법을 배워온
다른 나라 학생들과의 경쟁에서
많이 힘들어한다고 합니다.
꿈보다는 성적의 결과가 중요한
환경에서 자랐기 때문이죠.

3

여전히
'꿈=직업'으로
생각하는 사람들이 많습니다.
그런 분들에게 이번 '목표 관리'
마인드맵의 의도를
작가 숀 코비의 말을 인용하여
아래와 같이
요약하고자 합니다.

4

내가 정말 잘하는 것이 무엇인가?
(이것은 재능에 대한 것이다.)
내가 정말 하고 싶은 것이 무엇인가?
(이것은 열정에 대한 것이다.)
내가 돈을 벌 수 있으면서
사회가 필요로 하는 일은 무엇인가?
(이것은 필요에 대한 것이다.)
내가 옳다는 확신이 드는 것은 무엇인가?
(이것은 양심에 대한 것이다.)

5

칠판에 써진 내용을
그대로 받아 적고,
무조건 달달 외우며 공부하는 것에 익숙한 우리들은
아무것도 주어지지 않은 흰 종이에
자신의 생각을 정리하고 확장해 나가는
마인드맵을 어렵다고 생각할 수 있습니다.
특히 막연하게 느껴지는 미래를 계획하고
기록하는 것은 더욱 힘든 일이죠.
자녀들에게 "꿈을 갖고 살아라.",
"목표를 정해 놓고 공부해야지."
하는 막연한 충고보다 어떤 방식으로 목표를 세우고,
관리하면 좋은지를 어른인 우리가 먼저
마인드맵으로 연습해 보면 어떨까요?
일기처럼 가볍게 시작하여 어느 정도 익숙해지면
자녀에게 알려 주고,
같이 그려 보는 것도 좋고요.

6

제가 마인드맵 강의를 하며
만난 대부분의 사람들이
처음에는 마인드맵을 어떻게 시작해야 할지
난감해하지만 점차 재미를 느끼고,
마인드맵의 놀라운 효과를 경험한 후엔
모든 것을 마인드맵으로 접근하곤 합니다.
특히 목표 관리만큼은 더 많은 사람들이
꿈을 이루는 도구로써
마인드맵을 활용했으면
하는 바람입니다.

일상 관리

매일 반복되는 일상을 관리한다는 것이 의아하게 생각될 수도 있어요.
거창한 것은 아니에요. 그야말로 일기나 가계부를 쓰듯 하루에 있었던 일을
편안하게 작성하고, 소소한 일도 무엇이든 기록하는 습관을 가지며
생각을 정리해 보는 것이 이 파트에 목표입니다.

감사일기

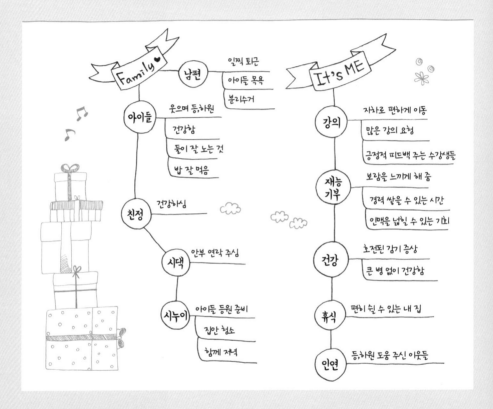

감사로 인해 삶이 변한 어떤 작가의 책을 읽고 나서 저 역시 하루 세 가지의 감사 메모를 적기 시작했습니다. 처음에는 매일 감사할 일이 있을까? 생각했습니다. 꾸역꾸역 만들어 내며 쓰던 감사가 지금은 감사할 것들이 너무 많아 한 장을 꽉 채우게 되었어요.

1.
중심 주제 잡기

감사는 선물이라는 이미지가 떠올랐고,
감사할 일이 많아지면서 선물 상자도 많
아졌습니다.

2.
가지치기

단순하게 가족 구성원으로 나누어 감사한 일을 찾아보았
습니다. 스스로에게도 감사하며 칭찬해 보세요.

3.
확장하기

일찍 퇴근한 남편이 아이들 목욕을 시켜주고, 분리수거까지 해 주다니 오늘은 남편에게 고기 반찬을 선사해 줘야겠습니다. 감사는 점점 습관이 됩니다.

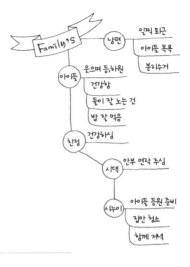

4.
완성하기

감사일기를 쓰고 보니, 내 주변에 모든 사람, 사물이 다르게 보입니다. 긍정적인 생각을 습관화하니 기분도 좋아지고, 얼굴 표정도 밝아지는 것을 느낍니다.

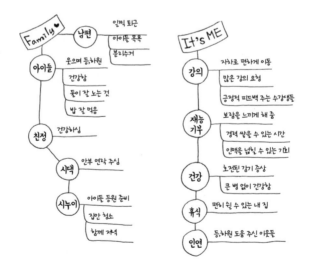

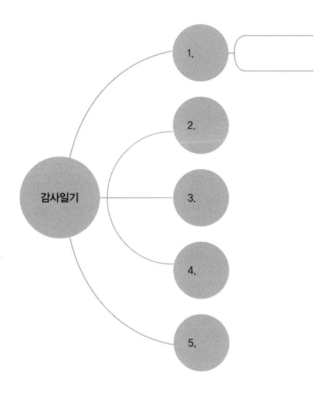

감사일기

1.

2.

3.

4.

5.

tip

1. 가족 구성원으로 분류하지 않고, 단순히 감사의 내용을 순서대로 나열해 보는 것도 방법입니다. 구체적인 내용이 있다면 확장해서 적어 봅니다.

마음일기 1

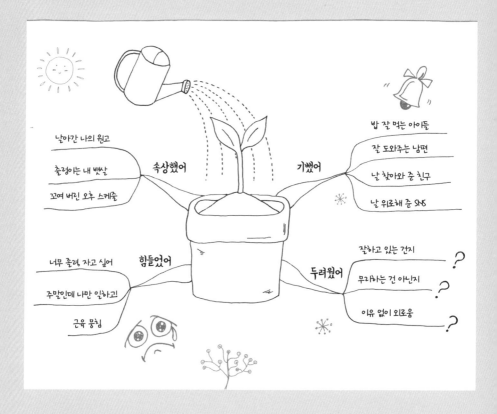

우리는 타인의 감정을 궁금해하고, 신경 쓰지만 정작 스스로의 마음을 알아주고 다스리는 데에는 인색합니다. 나의 속마음을 글로 솔직하게 이야기하고, 스스로를 이해하고 다독이는 연습이 필요합니다.

1.
중심 주제 잡기

성인이 되면서 타인에게 내 감정을 노출
하는 것을 부끄럽게 생각하곤 합니다. 작
아져 버린 나의 마음에 단비를 내려 주는
이미지로 저를 다독여 봅니다.

2.
가지치기

오늘 하루 어떤 감정들을 느꼈나요? 긍정과 부정 모두 상
관없어요. 내가 느꼈던 모든 감정들을 나열해 봅니다.

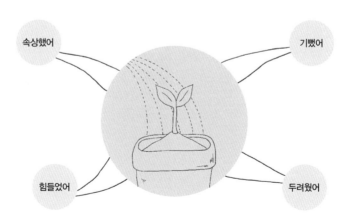

속상했어

기뻤어

힘들었어

두려웠어

3.
확장하기

가만히 내 마음을 들여다보면서 이유를 묻고, 스스로에게 '그랬구나'라고 위로해 보세요.

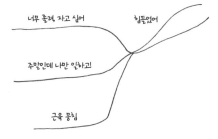

4.
완성하기

나의 마음을 정확하게 파악하는 것은 중요한 일입니다. 알 수 없었던 감정들이 적는 과정에서 명확해질 수 있고, 부정적인 감정이 오래 간다면 주변에 도움을 요청할 수도 있고요.

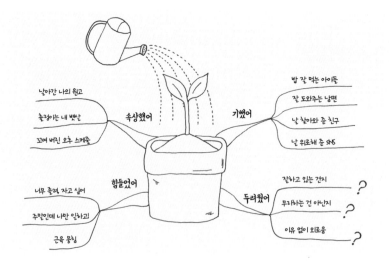

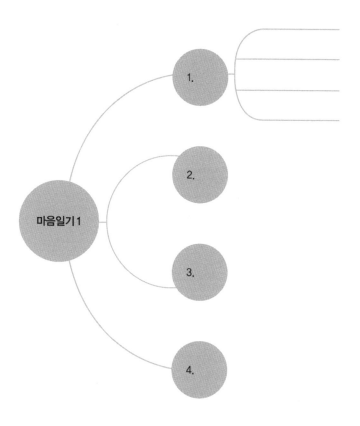

1. 마음일기에 적고 싶은 내용 → 구체적인 이유 → 극복 방법 또는 계획 등으로 확장해 나갈 수 있어요.

마음일기 2

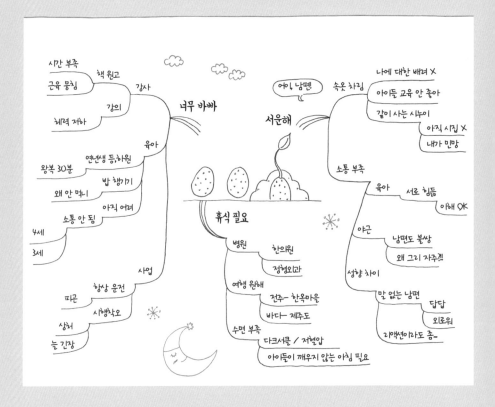

이번에는 한 단계 더 깊이 들여다보는 마음일기입니다. 감정을 읽고, 이유를 들여다보는 것에서 더 나아가 해결의 실마리까지 찾아보는 마인드맵입니다.

1.
중심 주제 잡기

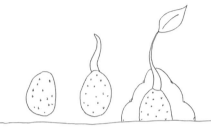

앞에 마인드맵과 같이 새싹을 그려 보았
어요. 작고 여린 새싹이 너무 힘겨워 보여
거름을 듬뿍 줘 봅니다.

2.
가지치기

힘들었던 나의 하루를 떠올리며 가장 먼
저 생각나는 단어들을 나열해 보세요.

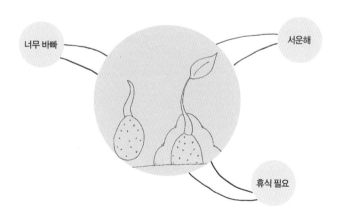

너무 바빠

서운해

휴식 필요

3.
확장하기

제일 처음 떠올랐던 단어는 바로 '남의 편'이었습니다. 감정이 폭발했던 대상이기도 하고요. 가지치기를 확장하며 작성해 보니 조금은 해결의 실마리가 보이는 듯합니다.

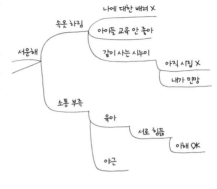

4.
완성하기

남편에게 보여 줬더니 "그렇게 화낼 상황이 있었구나." 하고 얘기해 주네요. 내가 내 마음을 바로 알았기에 상대와의 소통도 쉬워질 수 있었습니다.

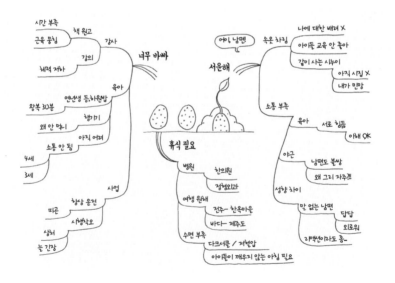

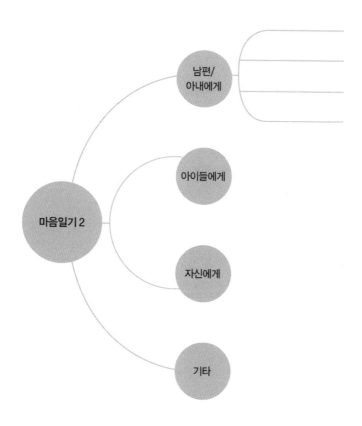

1. 주로 그날의 감정을 좌우하는 건 인간관계 속에서 비롯되는 경우가 많습니다. 그런 점에서 주변 대상을 큰 가지로 잡아 작성할 수도 있어요.

28

그림일기 (아이들)

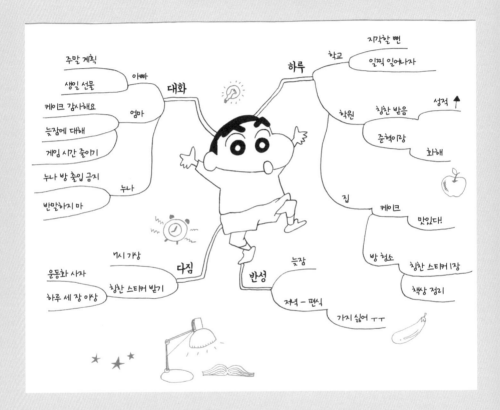

마인드맵으로 그리는 일기는 우뇌와 좌뇌를 함께 활용할 수 있는 창의적인 학습 방법 중 하나예요. 시간 혹은 장소별로 가지를 쳐서 하루를 기록해 보는 겁니다. 그 과정에서 나오는 핵심어를 통해 엄마와 아이가 질문과 답변을 이어가며 대화의 시간도 갖고, 생각하는 힘을 기르는 효과도 기대할 수 있어요.

1.
중심 주제 잡기

하루를 긍정적인 이미지로 그릴 수 있도록 해 주세요. 이미지는 글자보다 머릿속에 더 오래 남기 때문에 밝고, 긍정적일수록 좋습니다.

2.
가지치기

아이들은 시작을 어렵게 느낄 수 있으므로 큰 가지의 기준을 정해 줍니다. 일기는 하루 동안 있었던 일을 돌아보고, 반성하고, 앞으로의 다짐이 주가 되기 때문에 네 가지로 나누어 봅니다.

3.
확장하기

단순히 하루를 기록하는 것이 아니라 생
각의 확장을 훈련하는 것이 마인드맵의
목적입니다. 아이와 부모가 질문과 답변
을 주고받으며 가지치기를 뻗어 갑니다.

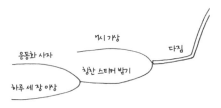

4.
완성하기

이렇게 그림과 글쓰기에 대한 부담은 줄이고, 그림일기를 완성할 수 있습
니다. 하루를 되돌아보면서 생각을 정리하고, 새로운 생각을 떠올리는 과정
속에 자기 관리와 더불어 인생 공부가 될 것입니다.

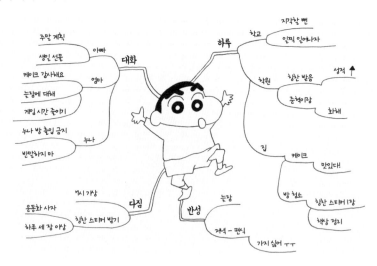

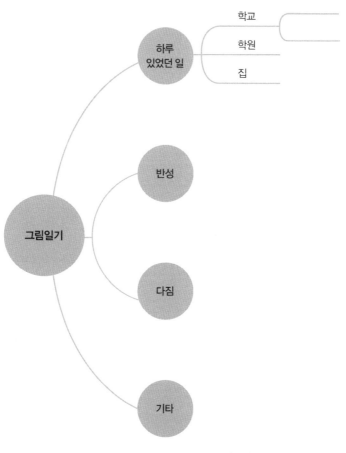

1. 하루를 장소로 분류하여 작성할 수도 있어요. 학교, 학원, 집으로 가지를 정했다면, 다음 가지는 있었던 일, 그 일을 통해 느꼈던 기분이나 생각 등으로 확장합니다.

2. 시간 순으로 분류하여 그려 볼 수도 있어요.

29

장보기 1 (가족 구분)

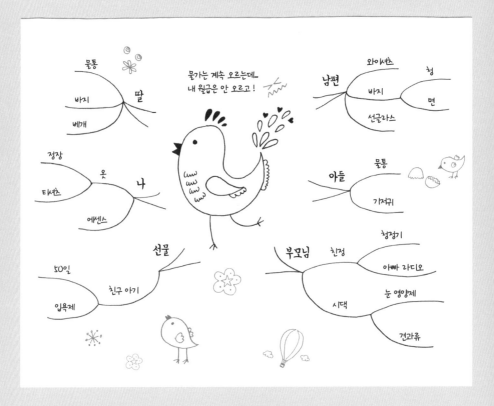

냉장고에 붙여 두고 필요한 것이 생각날 때마다, 구성원 각자가 원하는 것이 있을 때마다 기록해 두었더니 충동구매를 막고, 합리적인 소비를 가능하게 해 주는 효과를 경험할 수 있었습니다.

1.

중심 주제 잡기

'미니멀 라이프'가 추세라고 하지만 왜 이
렇게 사야 할 것들이 많은 걸까요? 물가는
오르는데, 월급은 그대로인 것 같은 느낌
은 저뿐만이 아니겠죠.

2.

가지치기

가족 구성원 별로 큰 가지를 나누어 작성하였어요.

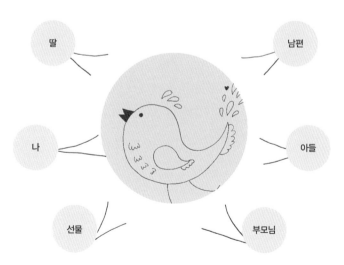

3.
확장하기

당장 필요한 것도 있고, 필요하지만 급하
지 않은 것도 있을 수 있죠. 이런 것도 메
모해 두어 장볼 때 활용합니다.

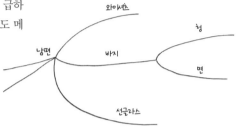

4.
완성하기

단순한 기록이지만, 작성해 놓은 것과 그렇지 않은 것의 차이는 큽
니다. 두세 번 장을 봐야 하는 번거로움을 없애 주고, 한 달 동안 가
정 경제 계획에 맞게 소비할 수 있고요.

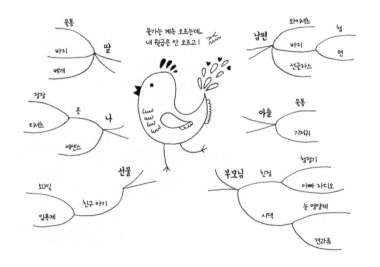

│ 장보기 1 (가족 구분) 그리기 │

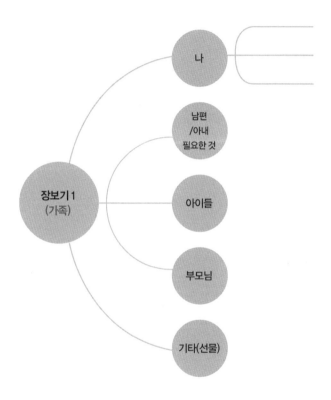

30

장보기 2 (장소 구분)

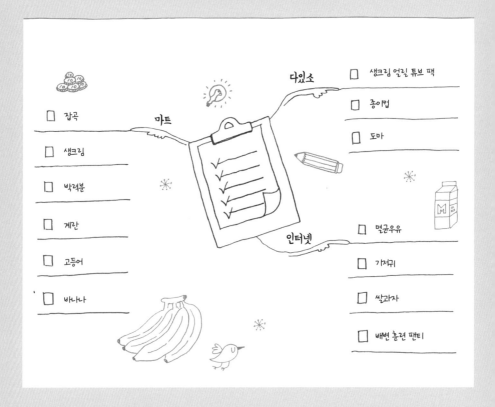

소비 패턴이 인터넷과 스마트폰 비율이 점점 높아지면서 장보기 역시 장소별로 구분지어 작성해 볼 수 있습니다. 일종의 체크리스트로 활용할 수도 있고, 가격 비교 측면에서도 도움이 됩니다.

1.
중심 주제 잡기

마인드맵은 체크리스트로 활용될 수 있는데, 이미지와 함께 넣으니 한눈에 더 잘 들어옵니다.

2.
가지치기

자주 이용하는 곳을 크게 세 군데로 나누어 기준을 잡았어요.

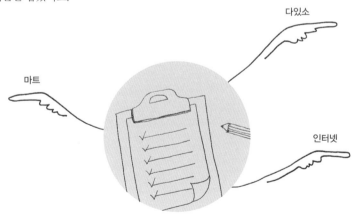

마트

다있소

인터넷

3.
확장하기

품목 앞에 네모 박스는 구매했을 때 v자로
체크할 수 있도록 넣었어요.

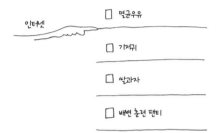

4.
완성하기

가지의 기준(가족, 장소)을 어떻게 구성하느냐에 따라 똑같은 주제
(장보기)지만 다양한 마인드맵이 완성될 수 있습니다.

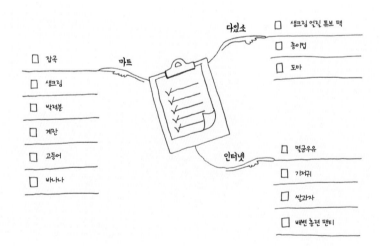

| 장보기 2 (장소 구분) 그리기 |

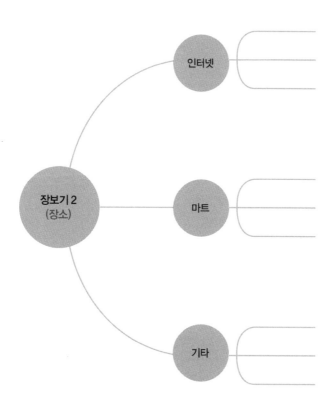

tip

1. 앞서 그린 '장보기 1 (가족 구성원별)' 마인드맵과 이번 장에서 그린 마인드맵을 접목시켜 작성해 보세요.

to do list

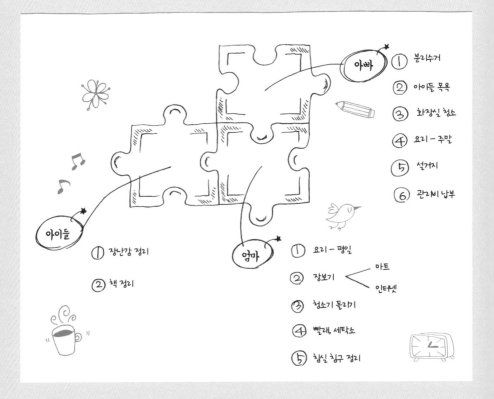

할 일은 많은데 무엇부터 해야 할지, 시간은 순식간에 흘러가 버리고 혼자 하기엔 너무 버겁다고 느껴집니다. 연년생 아이를 키우고 있는 저는 한때 산후우울증을 겪었던 적이 있는데, 그럴 때 가장 중요한 건 주변에 도움을 요청하는 것이었습니다. 가족들과 함께 역할을 나누어 보세요.

1.
중심 주제 잡기

가족의 일원으로서 각자의 역할을 분담하자는 의미에서 조각조각이 모여 퍼즐이 완성되는 이미지를 그렸습니다.

2.
가지치기

아이와 함께 가족 구성원으로 나누어 작성해 보았습니다.

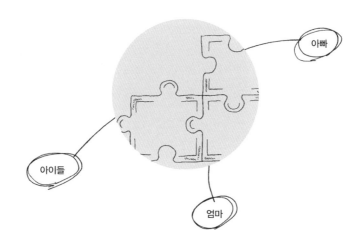

3.
확장하기

이 마인드맵을 완성하기 위해서는 가족회
의가 필요할 것 같네요. 해야 할 일과 함께
구체적으로 날짜와 시간을 명시해 주는 것
도 좋습니다.

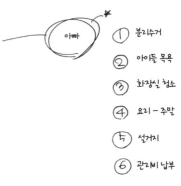

4.
완성하기

해야 할 일이 산더미였는데 역할 분담 리스트를 작성하고 나니, 삶
의 무게가 덜어진 것 같아 한결 가벼운 마음이 듭니다.

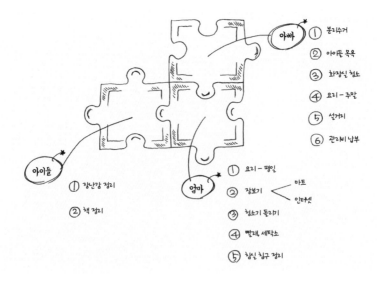

| 나의 to do list 그리기 |

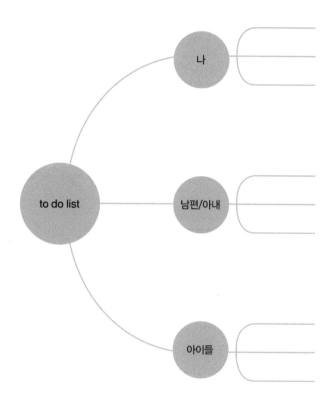

1. 가족 구성원에 따라 나누지 않고, 우선순위에 따라 리스트를 작성해 볼 수도 있습니다.

32

지출 관리

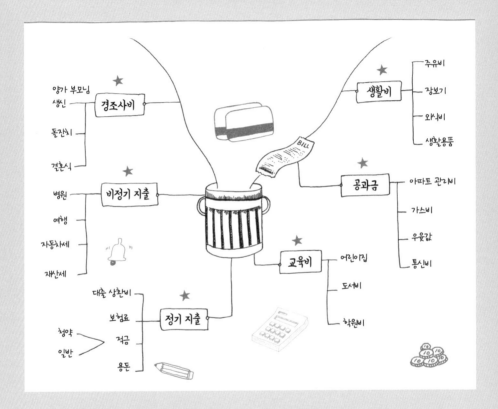

월급날이 며칠밖에 지나지 않았는데 통장은 '텅! 장'이 되고, 별로 산 것도 없는 것 같은데 날아온 '카드값'은 놀라움과 당혹감을 안겨 줍니다. 한 달 동안 어느 정도의 예산이 필요한지, 새어 나가는 돈은 없는지 마인드맵으로 그려 보면 한눈에 쉽게 관리할 수 있어요.

1.

중심 주제 잡기

재테크보다 우선되는 게 소비 패턴을 제대로 파악하고, 불필요한 지출을 줄이는 건데요. 낭비를 막고 모으자는 의미에서 이것저것 담을 수 있는 통을 이미지로 그렸습니다.

2.

가지치기

지출되는 곳을 크게 생활비, 공과금, 교육비, 정기 지출/비정기 지출, 경조사비 등으로 나누었어요.

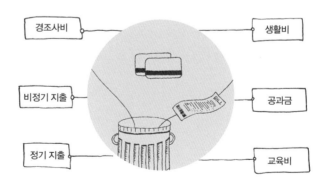

3.
확장하기

큰 가지에서 좀 더 세부적인 항목으로 나
누어 한 달 동안 사용한 정확한 지출 금액
을 작성해 보고, 시작하는 단계라면 그때
그때 옆에 기록합니다.

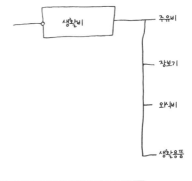

4.
완성하기

마인드맵은 작성에서 그치지 않고, 피드백 하는 시간이 무엇보다 중요합니
다. 불필요하게 지출되는 부분은 없는지, 자기 계발을 위한 투자는 적절히
되고 있는지 등을 체크해 봐요.

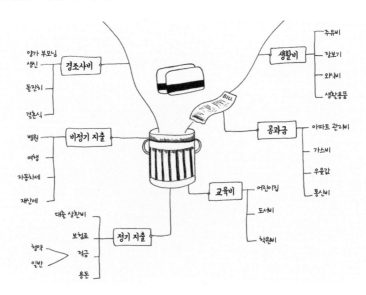

| 나의 지출 관리 그리기 |

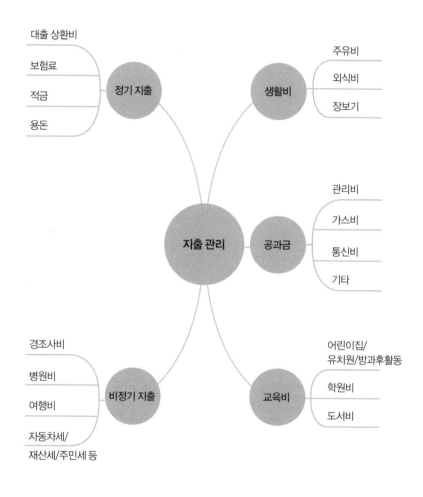

대출 상환비

보험료

적금

용돈

정기 지출

생활비

주유비

외식비

장보기

지출 관리

공과금

관리비

가스비

통신비

기타

경조사비

병원비

여행비

자동차세/
재산세/주민세 등

비정기 지출

교육비

어린이집/
유치원/방과후활동

학원비

도서비

tip

1. 가계부를 쓰듯 지출 항목 → 금액 → 자동이체 날짜 및 지불 방법 등을 상세히 적어 봅니다.

33

저축 관리

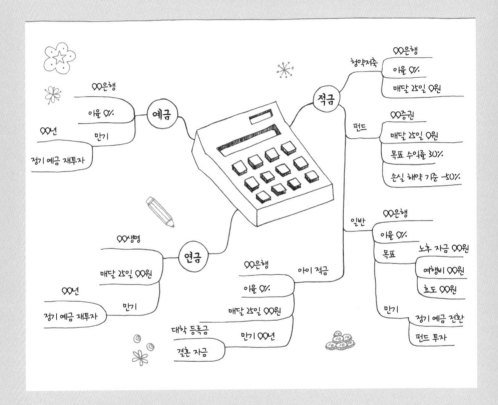

지출 관리를 했으니 이번엔 저축 관리입니다. 월급쟁이들은 카드값이 빠져 나가면 생활비도 부족해서 저축은 무리라고 말합니다. 원래 저축이 먼저이고, 나머지 금액에서 지출 관리를 해야 하는 게 맞지만 일단 저축을 조금씩 시작하며 가능한 범위에서 계획해 봐요.

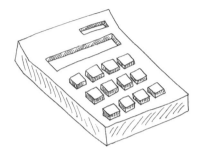

1.
중심 주제 잡기

저축 하면 띠오르는 어떤 이미지든 좋습니다. 저는 계산이 약해서 그런지 계산기가 가장 먼저 떠올랐습니다.

2.
가지치기

저축의 형태에 따라 예금, 적금, 연금 등으로 구분해 봤어요. 가족 구성원에 따라 나눠 볼 수도 있어요.

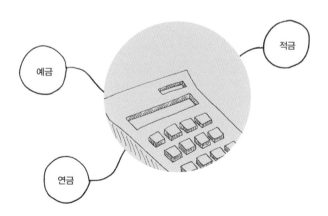

3.
확장하기

저축 상품마다 금융 기관과 이율, 자동이
체 날짜, 만기일, 만기 후 사용 용도 등으
로 세분화하여 작성합니다.

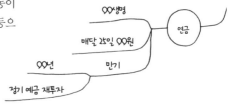

4.
완성하기

평상시엔 시간이 빨리 가는 게 두려웠는데, 저축 관리를 작성해 보
니 앞으로 다가올 적금 만기일이 기다려지네요.

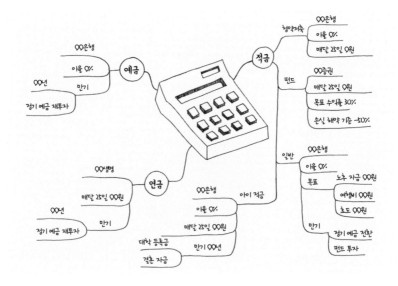

| **나의 저축 관리 그리기** |

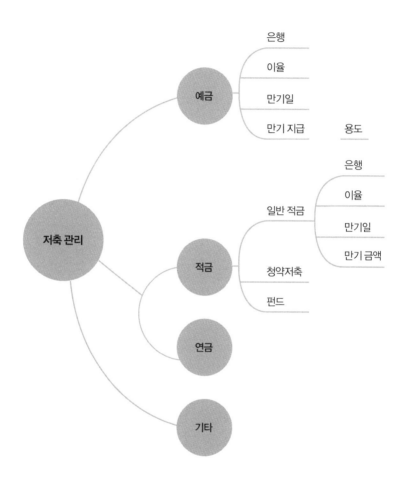

1. 적금 상품명 → 은행명, 이율, 만기일, 만기 금액 → 이후 사용 목적 및 계획 등으로 작성해요.

34

냉장고 비우기 1 (현재 있는 것 파악)

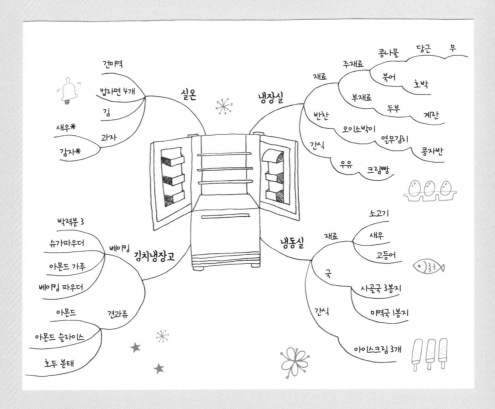

'냉장고 파먹기'라는 말을 들어 보셨나요? 주로 이사 전이나 장기간 집을 비울 때 하는 행위이기도 하지만, 요즘에는 '미니멀 라이프'를 추구하며 평상시에도 활용하는 사람이 많더군요. 냉장고 비우기 첫 번째는 바로 '현재 있는 것 파악하기'입니다.

1.
중심 주제 잡기

냉장고 문을 활짝 열어 안을 들여다보는 이미지를 그렸습니다. 과연 무엇이 나올지 기대됩니다.

2.
가지치기

저는 냉장실과 냉동실, 추가로 실온과 김치냉장고 네 가지로 나눠 보았습니다.

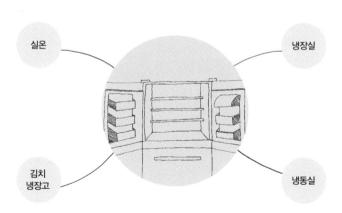

실온
냉장실
김치
냉장고
냉동실

3.
확장하기

상, 하위 가지를 구분하는 훈련을 통해 좌
뇌가 발달한다고 해요. 냉동실을 다시 재
료, 국, 간식으로 구분하였어요.

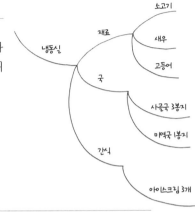

4.
완성하기

완성된 마인드맵을 냉장고에 붙여 놓으면, 장보기 전 일일이 확인하지 않고
도 필요한 것이 무엇인지 알 수 있겠네요. 또한 재료를 활용하여 어떤 음식
을 만들 수 있는지 계획도 세워집니다.

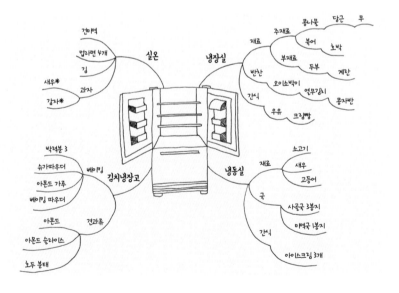

| 나의 냉장고 비우기 1 (현재 있는 것 파악) 그리기 |

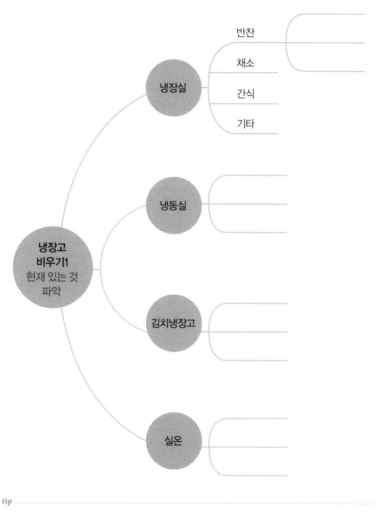

tip
1. 냉장실 → 채소, 반찬, 음료, 과일, 간식 → 내용물 → 수량 및 유통기한 순으로 적어 봐요.

35

냉장고 비우기 2 (가능한 메뉴)

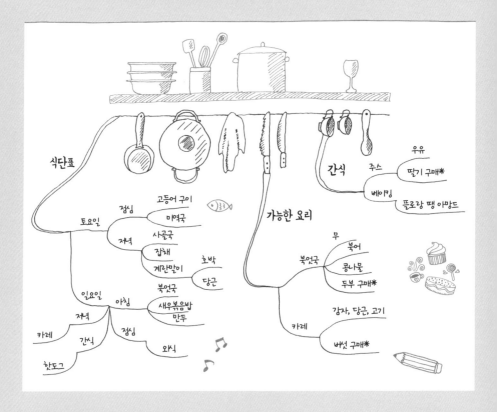

냉장고 있는 재료를 활용하여 어떤 음식을 만들 수 있는지 메뉴를 짜 봅니다. 매끼 무얼 먹을까 고민하는 시간을 줄여 주니 마음이 한결 가벼워집니다. 작성 후 구입해야 하는 재료들은 따로 표시하여 장볼 때 참고하도록 해요.

1.
중심 주제 잡기

주방에서 필요한 도구들로 이미지를 그려
보았어요.

2.
가지치기

재료를 활용할 수 있는 식단표와, 가능한
요리, 간식으로 구분했어요.

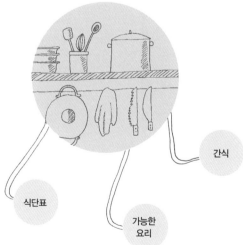

간식

식단표

가능한
요리

3.
확장하기

주재료를 활용하여 만들 수 있는 요리가 정해지니, 추가적으로 필요한 재료도 쉽게 알 수 있네요.

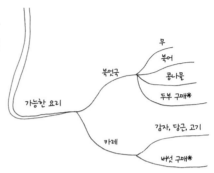

4.
완성하기

냉장고 비우기 마인드맵의 핵심은 사소한 것들도 시각화하면 일상에 도움이 될 수 있다는 점을 보여 주는 것에 있습니다.

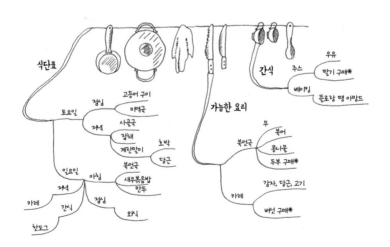

| **나의 냉장고 비우기 2 (가능한 메뉴) 그리기** |

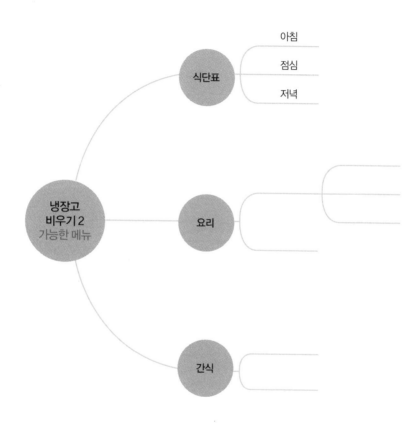

1. 가능한 요리 → 국, 반찬, 찌개 → 주재료, 부재료, 필요한 재료 순으로 작성해 봐요.

냉장고 비우기 3 (레시피)

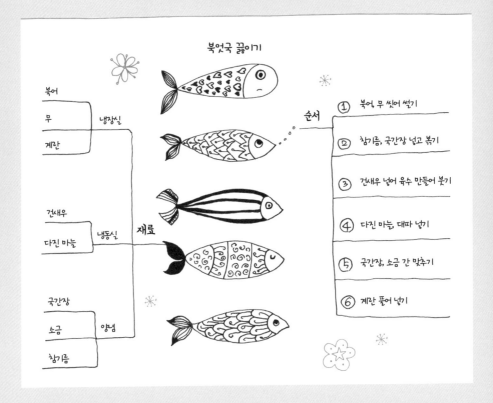

레시피도 마인드맵을 활용할 수 있어요. 이건 재능 기부를 통해 만난 이웃 엄마의 아이디어로 작성하게 되었는데요. 요새 '쿡방', '먹방' 프로그램이 많아지면서, 따라해 보고 싶은 충동이 생길 때마다 나만의 기록법으로 레시피를 모아 보는 거예요.

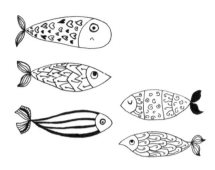

1.
중심 주제 잡기

이제 그만 북어를 냉장고에서 꺼내 줘야 할 때가 된 것 같습니다. 칼칼하고 시원한 북엇국을 끓여 보려고 합니다.

2.
가지치기

레시피는 크게 순서와 들어가는 재료 두 가지로 나눌 수 있겠네요.

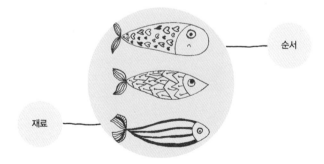

순서

재료

3.
확장하기

레시피는 아무래도 순서가 중요하니 번호
를 넣어 주고, 중간중간 요리 tip이 있다면
확장하여 기록합니다.

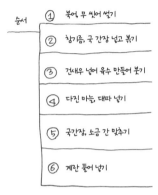

순서
① 북어, 무 씻어 썰기
② 참기름, 국 간장 넣고 볶기
③ 건새우 넣어 육수 만들어 붓기
④ 다진 마늘, 대파 넣기
⑤ 국간장, 소금 간 맞추기
⑥ 계란 풀어 넣기

4.
완성하기

레시피가 모아지면 한 권의 책이 완성되고, 그러
는 동안 요리 실력은 쑥쑥 늘 것만 같아요.

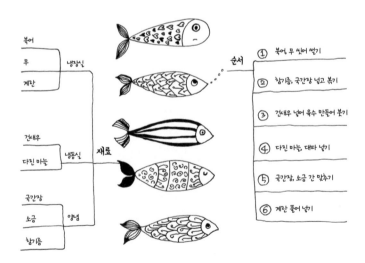

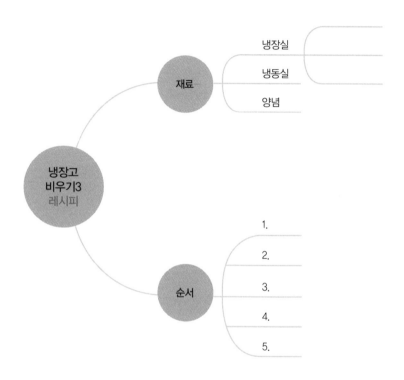

tip ──

1. 순서 → 재료 및 양념 넣기 → 구체적인 수치(ex 무 반조각, 참기름 한 큰술, 소금 한 움큼) 및 요리 tip

나는 일상 관리를 어떻게 하는가?

1

기억해야 할 것도 많고,
할 일도 많은 바쁜 일상입니다.
이런저런 생각으로 머릿속이 복잡한데
어떤 방식으로 정리해야 할지 혼란스럽고,
여기저기 끄적여 기록해 보지만
이후 어디에 적었는지 찾는데
오히려 시간을 뺏기곤 합니다.
일기나 가계부를 써 볼까 하는 마음도
처음과는 다르게 점점 시들해져서
피곤한 일상에
부담으로 다가오고요.

2

기록하는 방법을
마인드맵 하나로 통일해 보세요.
글을 써야 한다는 부담감도 없고,
낙서한다는 생각으로
노트나 이면지에 끄적여 보는 겁니다.
기록이 모이기 시작하면
지식과 정보를 관리하기 쉬워집니다.
제가 사용하는
마인드맵 기록물은
이렇습니다.

3

4

이렇듯 그 어떤 기록도
마인드맵으로 가능합니다.
마인드맵은 좌뇌와 우뇌를 함께 발달시키는
학습 도구로 이미 세계적으로 인정받고 있습니다.
혹시 마인드맵을 작성하면서
가장 중요한 공통점이 무엇인지 발견하셨나요?
바로 '틀에 갇히지 않는 시각화'입니다.
무한대로 뻗어 나갈 수 있는 가지는
생각을 정리하는 데에도 도움이 되지만,
생각하는 힘을 길러 주는 효과가 있습니다.
다양한 생각을 통해 우리의 관점을 변화시켜 주고,
나아가 삶의 변화도 이끌어 줍니다.
객관화시켜 나의 상황을 바라보는 훈련을 통해
여러분도 놀라운 변화를
경험하길 바랍니다.

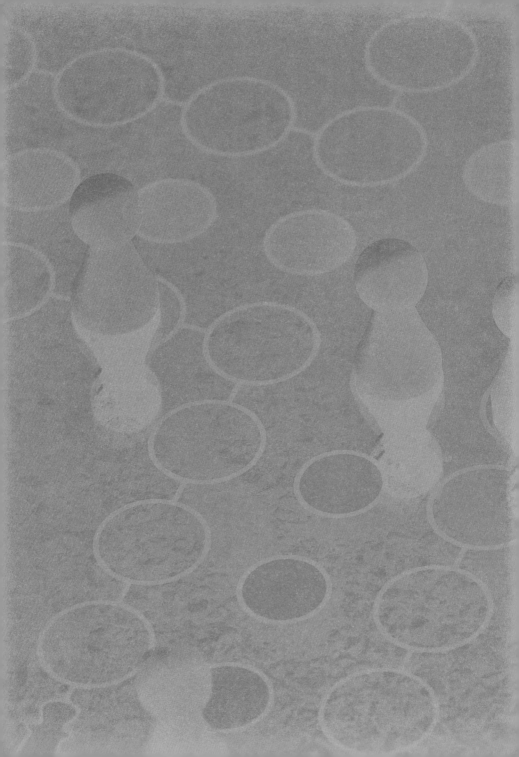

정보 관리

쏟아지는 정보 속에 자신이 진짜 원하는 정보가 무엇인지
정리하고 결정하는 것에 피곤함을 느끼는 사람이 많습니다. 아이의 육아와 교육 문제,
책을 읽은 후 양질의 정보를 선별하여, 이것을 바탕으로 새로운 지식을
생산해낼 줄 아는 방법을 마인드맵을 통해서 알아보도록 해요.

37

아이와 함께 그리는 꿈 지도

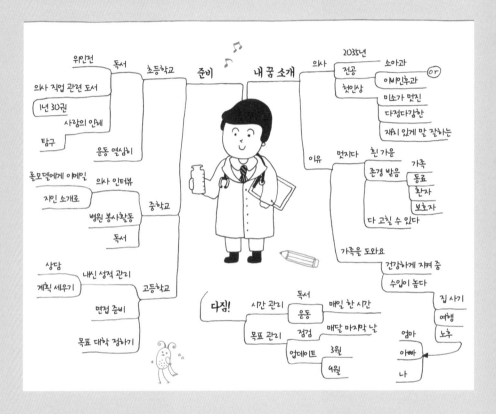

꿈을 단순히 직업으로 생각하는 친구들이 많습니다. 왜 그 직업을 선택했는지, 어떤 미래를 상상하는지, 어떤 계획으로 준비해야 하는지 아이와 대화하며 스스로 생각하고 기록해 볼 수 있도록 부모가 함께 꿈 지도를 그려 보는 것이 좋습니다.

1.

중심 주제 잡기

꿈을 그려 본다는 것은 미래의 내 모습을 선명하게 상상할 수 있도록 합니다. 설레는 미래의 모습은 현재의 마음가짐을 다질 수 있는 힘이 되고요.

2.

가지치기

꿈 지도를 그리기 위해서는 1. 왜?(그 꿈을 꾸는 이유) 2.어떻게(꿈의 계획, 준비) 3.피드백(스스로 점검, 다짐)이 필요합니다.

준비   내 꿈 소개

다짐!

3.
확장하기

관련 도서를 함께 읽으며, 롤모델을 정해 보는 것도 좋습니다. 가지를 확장해 나갈 수록 좀 더 구체적인 계획을 작성합니다.

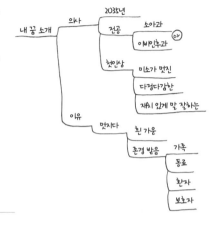

4.
완성하기

'상상'은 우뇌, '계획'은 좌뇌입니다. 이 두 가지를 함께 반복하면 꿈이 현실이 될 수 있어요. 꿈 지도 마인드맵은 곧 시간 관리이자 목표 관리가 됩니다.

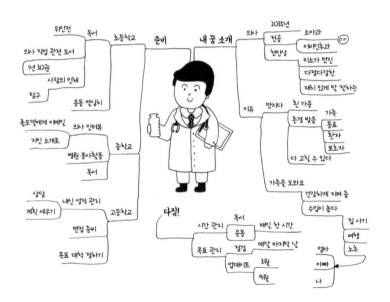

| 아이와 함께 꿈 지도 그리기 |

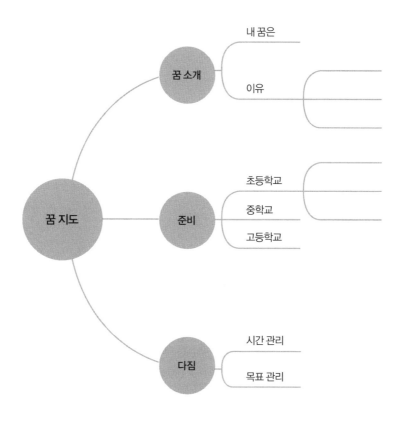

1. 꿈 소개, 준비, 다짐 크게 세 가지로 분류하여, 구체적인 내용을 작성해 봐요.

38

아이 독서 지도 (영유아)

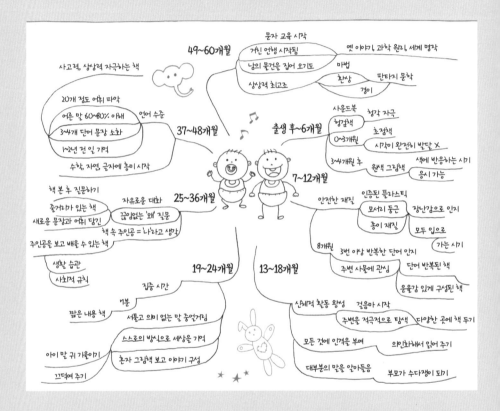

아이가 1세이면 엄마, 아빠 나이도 1세라고 합니다. 아이가 성장할수록 부모도 끊임없이 공부가 필요하다는 것을 말해 주는데요. 아이에 발달 과정에 맞는 도서를 검색하다가 알게 된 정보를 마인드맵으로 기록해 보았습니다. 조사한 정보를 마인드맵으로 기록하다 보면 상위, 하위 가지를 나누는 과정에서 논리적인 두뇌 훈련이 가능합니다.

1.
중심 주제 잡기

기고, 앉고, 걷고, 뛰는 이기의 모습을 생
각하며 귀여운 아기를 그려 보았습니다.

2.
가지치기

출생 후부터 60개월까지 발달 시기별 특
성에 맞게 7개 가지로 나누었습니다.

49~60개월

출생 후~6개월

37~48개월

7~12개월

25~36개월

19~24개월

13~18개월

3.
확장하기

시기별 발달 특징을 기록하고, 그에 맞는
추천 도서를 적어요. 아이마다 좋아하는
책 성향이 다르기 때문에 도서명은 각자
넣어 보도록 해요.

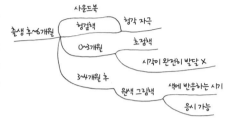

4.
완성하기

이렇게 정보를 정리하고 나니, 앞으로의 독서 계획이 한눈에 보입니다. 마
인드맵은 많은 정보를 시각적으로 정리해 주는 효과도 있지만, 그리는 과정
을 통해 장기 기억으로 넘어갈 수 있도록 도와줍니다.

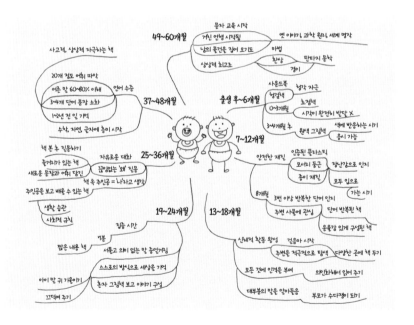

| **아이 독서 지도 그리기** |

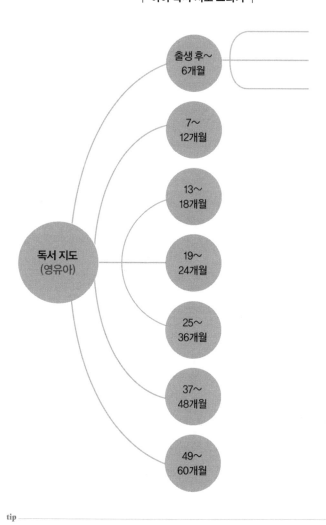

39

독후 활동 (중, 고등)

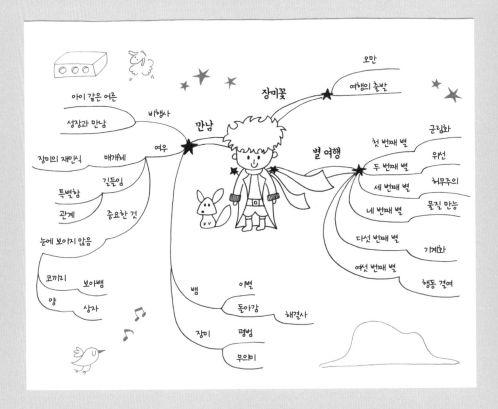

다양한 지식을 나의 생각을 거쳐 이미지로 그려 보는 건 이해하는 데 도움이 될 뿐만 아니라 장기 기억에도 효과적입니다. 우리가 읽은 책들 역시 마인드맵으로 이미지화하는 독후 활동이 가능합니다. 《어린 왕자》를 예로 들어 보여드릴게요.

1.
중심 주제 잡기

누구나 한 번쯤 읽어 봤을 《어린 왕자》입
니다. 이 책에 주인공인 어린 왕자와 여우를
중심에 그렸어요.

2.
가지치기

여행의 출발에서 별 여행, 지구에서의 만
남으로 크게 세 가지로 나누었습니다.

3.
확장하기

그림 혹은 단어를 이용해 기록합니다. 핵심 키워드를 뽑는 능력과 더불어 내용 이해에도 도움이 됩니다.

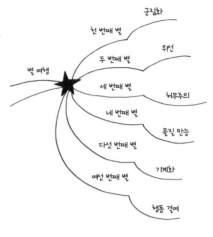

4.
완성하기

어린왕자처럼 등장인물이 많이 나오는 소설이나 역사서의 경우 마인드맵을 활용해 보길 추천합니다.

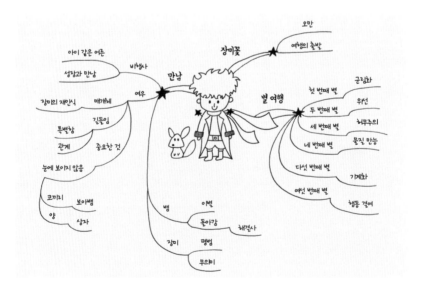

| 독후 활동 (중, 고등) 그리기 |

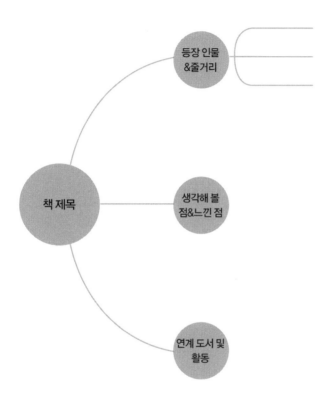

tip

1. 독후 활동으로 위에 내용처럼 크게 세 가지로 나누어 볼 수도 있어요. 어떤 책이냐에 따라 큰 가지는 달라질 수 있으니 지금 읽고 있는 책을 기준으로 자유롭게 그려 봅니다.

40

단어 연상 놀이

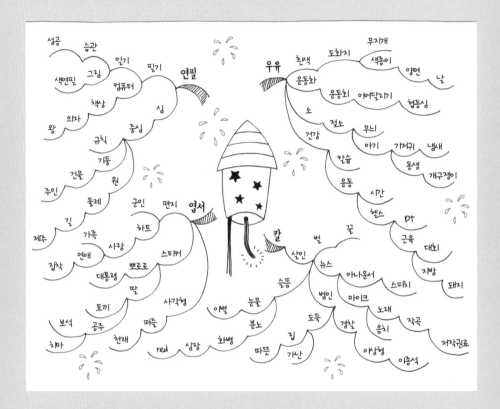

어릴 적 끝말잇기, 스무고개, 단어 연상 놀이 등 단어를 활용한 놀이를 많이 했던 기억이 납니다. 하지만 성인이 되어서는 오히려 단어의 활용이 제한적이고, 알던 단어마저 떠오르지 않아 답답한 경우가 많죠. 단어 연상 놀이는 주어진 단어를 시작으로 생각나는 것을 무한대로 쏟아 내는 행위인데, 이 마인드맵을 통해 다양한 아이디어를 떠올리는 훈련이 됩니다.

1.

중심 주제 잡기

연상은 '히니의 관념이 다른 관념을 불러일으키는 현상'이라는 뜻을 갖고 있습니다. 폭죽처럼 생각이 빵빵 터지기를 바라며 그려 보았습니다.

2.

가지치기

우리 주변에서 쉽게 볼 수 있는 어떠한 것도 좋습니다. 아이들과 함께 주제를 정해 보는 것도 재밌겠네요.

3.
확장하기

앞 단어를 통해 떠오르는 단어들을 나열
합니다. 연관성이 없어도 바로바로 떠오
르는 단어들을 계속 써 나갑니다. 점점 빠
르게, 점점 더 많이 작성해 봐요.

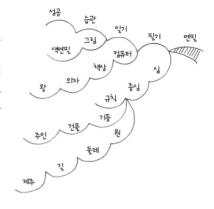

4.
완성하기

얼마나 많은 단어를 떠올렸는지 아이와 함께 개수를 세다 보면 즐거워하고
있는 아이들을 볼 수 있을 거예요. 동심으로 돌아가 아이들과 게임하며 생
각하는 힘을 키워 주는 시간을 가져 봐요.

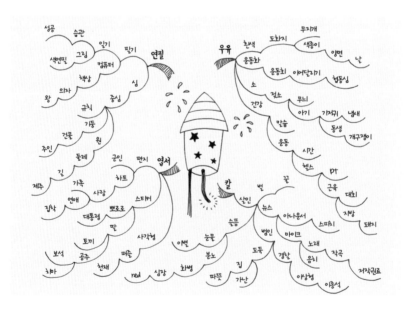

| 단어 연상 놀이 그리기 |

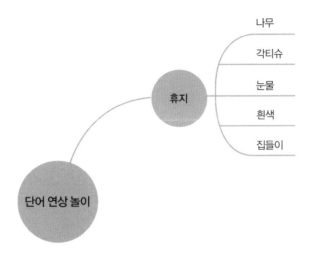

1. 제한을 두지 않고 자유롭게 생각할 수 있도록 해 주세요.

2. 시간을 정해 놓고, 누가 많이 단어를 썼는지 게임하는 것도 재미있어요.

41

아이와의 놀이

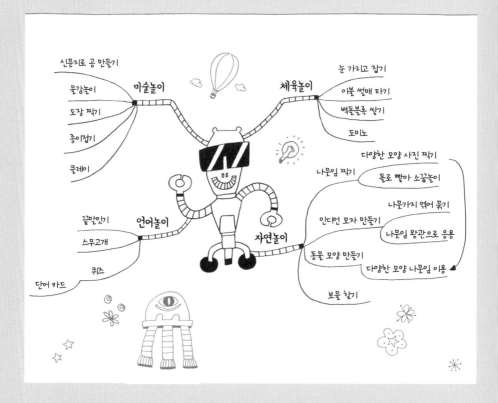

긴 연휴와 주말, 방학 동안 아이와 무엇을 하며 시간을 보내야 할지 난감할 때가 있습니다. 특히 날씨가 안 좋은 날, 나가지도 못하고 집에 있어야 할 경우 아이들의 "놀아 줘~ 놀아 줘~." 소리가 무섭게 들리기도 하고요. 집에서 할 수 있는 놀이가 무엇이 있는지 떠올리며 작성해 봐요.

1.

중심 주제 잡기

위킹맘인 저는 가끔 상상하곤 합니다. 아이들 씻겨 주는 도우미 로봇이 있었으면! 이번에는 저를 대신하여 아이들과 놀아주는 로봇을 떠올렸습니다.

2.

가지치기

아이들이 재밌다고 느낄 수 있는 거라면 어떤 것이든 좋습니다. 여기서 언급한 것 외에 음악놀이, 소꿉놀이, 물놀이 등 '놀이'만 붙이면 무엇이든 가능하네요.

3.
확장하기

아이디어가 떠오르지 않는다면 언제든 우리는 인터넷을 활용하여, '아빠표 놀이' 또는 '엄마표 놀이'를 검색하여 정보를 채워 나갈 수 있습니다.

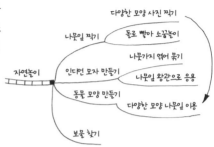

4.
완성하기

부족한 내용은 보충하고, 새로운 아이디어가 생기면 추가하며 풍성한 마인드맵을 완성해 봅니다. 같이 작성하는 것만으로도 아이에게 좋은 기억으로 남을 거예요.

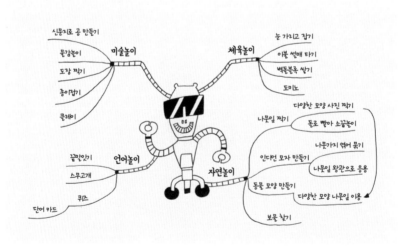

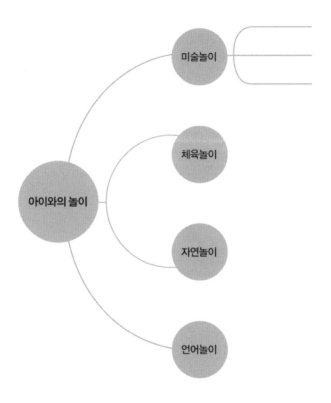

42

아이디어 내기

이번 마인드맵은 다른 말로 '사물 탐색', '브레인 스토밍', '상상하기'라고 할 수도 있어요. 하나의 사물에 대해 부모와 함께 이런저런 질문을 하며 새로운 무언가를 개발하는 겁니다. 이때 질문하는 사람의 역할이 중요한데, 사물을 탐색하는 과정은 아이들의 집중력을 높일 수 있고, 더 나아가 창의적인 아이디어를 떠올릴 수 있게 도와줍니다.

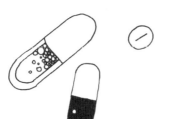

1.
중심 주제 잡기

알약을 한 번 탐색해 볼게요. "약의 종류에는 무엇이 있을까?"로 질문을 시작합니다. 알약을 선택했을 때를 가정하여 이미지를 그렸어요.

2.
가지치기

"알약은 왜 이런 모양이어야 할까?", "맛은 어떨 것 같아?", "약을 먹는 이유는 뭐지?" 등 다양한 질문을 던지며 상상력을 유도해 봅니다.

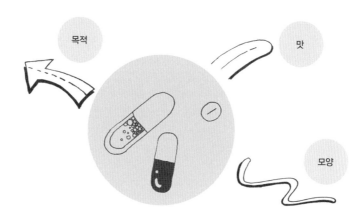

3.
확장하기

"○○라면 약을 어떻게 만들 것 같아?", (아이 답변을 듣고) "우와, 너무 좋은 생각이다." 이렇게 칭찬과 격려를 주고받으며 아이의 말에 귀 기울입니다.

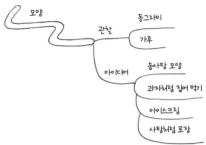

4.
완성하기

눈에 보이는 것만 기록하면 안 됩니다. 보이지 않는 것을 생각하고, 기록해 내는 것이 이번 마인드맵의 목표입니다.

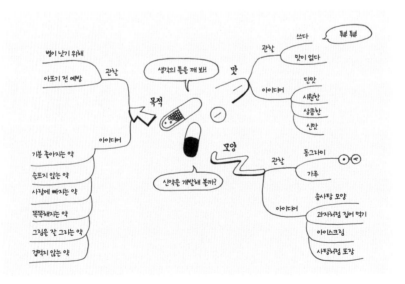

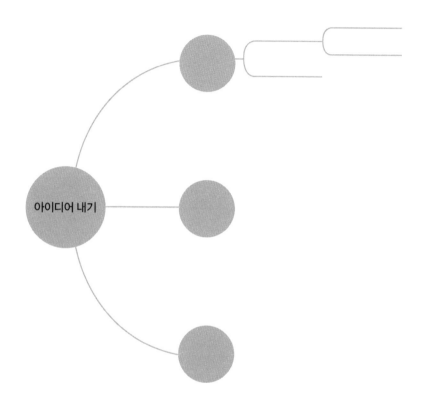

아이디어 내기

tip

1. 아이들이 좋아할 만한 주제로 잡아 봅니다. 예를 들어 변기, 자동차, 사탕, 초콜릿 등 아이와 함께 주제를 정해 보는 것도 좋습니다.

43

1년 독서 계획

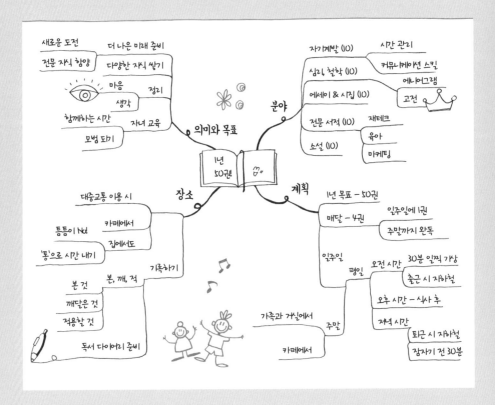

새해에는 많은 사람들이 새로운 마음으로 목표를 세우고 계획합니다. 1년 안에 5kg빼기, 1년에 천만 원 모으기, 1년에 책 50권 읽기... 이렇듯 한 줄로 작성된 목표들은 결국 의지가 쉽게 꺾이고 말죠. 저는 올해 스마트폰의 노예에서 벗어나 책을 가까이 하는 교양인이 되려 합니다. 구체적인 방법들을 마인드맵으로 보여드릴게요.

1.
중심 주제 잡기

중앙 이미지에 목표 숫자를 기록해 두어 더욱 명확하게 보일 수 있도록 합니다.

2.
가지치기

어떤 분야의 책을 볼지, 독서를 하려는 이유와 목표, 생활 패턴을 고려하여 독서 장소까지 4가지로 분류하였습니다.

3.
확장하기

1년에 50권이라면, 한 달에는 몇 권을 읽어야 하는지, 일주일에 몇 권이 적당한지, 하루에 내가 독서할 수 있는 시간은 언제인지 등도 쪼개어 구체적으로 계획을 세웁니다.

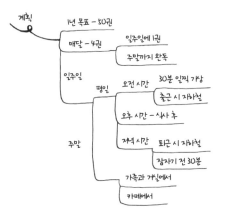

4.
완성하기

그동안 읽고 싶었던 책이 있다면 분야별로 리스트를 만들어 기록해 봅니다. 나의 생활 패턴에 따라 주로 이동할 때 책을 볼 수 있다면 시간도 명시하고, 그 책을 선정한 이유 등도 적어 의지를 다져 봅니다.

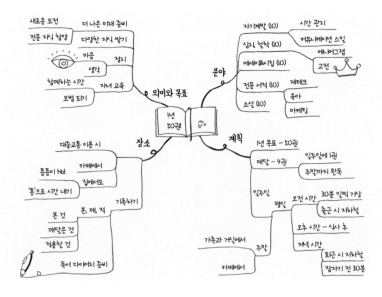

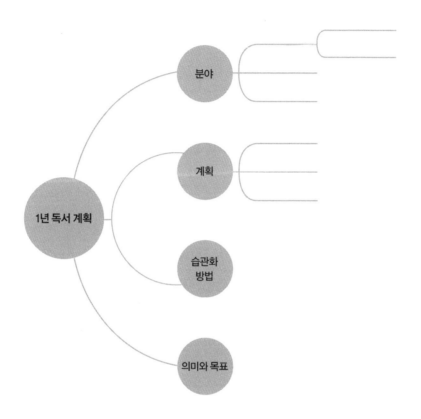

tip ———

 1. 한 번에 여러 권을 동시에 읽는 사람도 있고, 한 달 동안 한 분야만 읽는 사람도 있을 수 있어요. 1년 독서 계획도 자신의 독서 스타일에 맞게 그려 봅니다.

44

독서 목차 기록

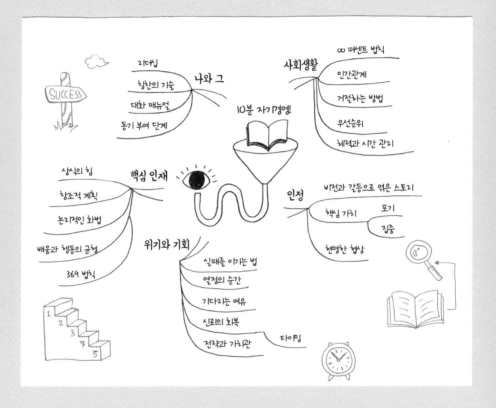

업무나 자료 조사를 위해 예전에 읽었던 책의 내용을 찾아보고 싶은데, 책 전체를 읽어 볼 시간은 없고, 막막할 때가 있죠. 그럴 때 활용할 수 있는 마인드맵으로 책의 목차를 정리해 놓으면 전체 내용의 흐름을 알 수 있고, 각 파트와 장제목은 핵심 내용을 요약한 경우가 많기 때문에 내용을 기억하는 데 효과적입니다.

1.
중심 주제 잡기

《삶을 바꾸는 10분 자기경영》(김형환 저)
은 지하철역 커피숍에서 10분씩 강의를
녹음하여 그 내용을 모아 낸 책으로, 나에
게 필요한 부분만 걸러내서 시각화한다는
의미로 깔때기 이미지를 그려 봤어요.

2.
가지치기

목차를 활용한 마인드맵이기 때문에 목차의 제목을 활용
해서 핵심어만 골라 작성했습니다.

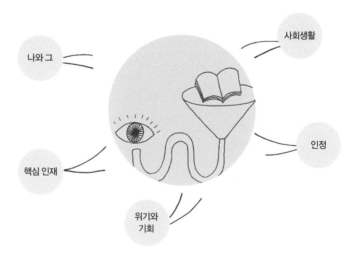

3.
확장하기

구구절절 다 작성하는 것이 아닌 중요 단
어만 메모한다 생각하며, 큰 가지에 대한
설명을 핵심 단어로 요약해서 넣어 줍니다.

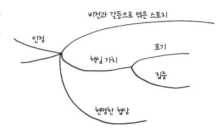

4.
완성하기

사례 중에 인상 깊었던 내용들은 여백을 활용하여 이미지로 그려
넣어도 좋습니다.

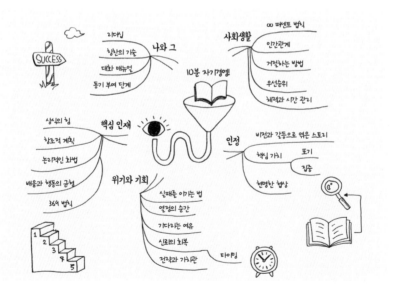

| 독서 목차 기록 그리기 |

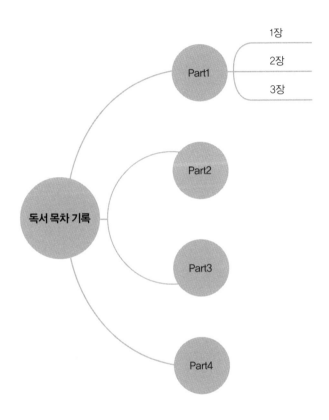

45

독서 활용법

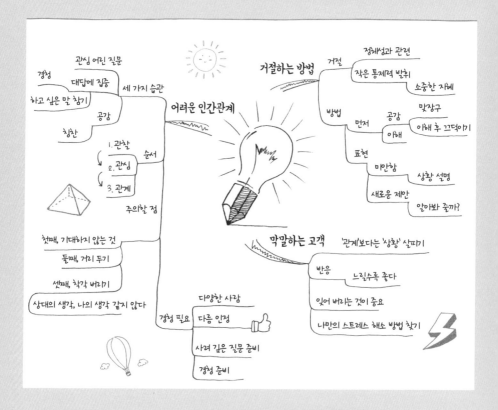

에세이나 자기 계발서를 감명 깊게 읽고 난 직후, 삶의 변화를 기대해 보지만 시간이 지날수록 그때의 감동과 마음가짐은 희미해져 다시 원래의 나로 돌아가곤 합니다. 저는 책이나 강의를 통해 느낀 점을 토대로 스스로에게 과제를 던지기도 하고, 강의나 코칭 때 사용할 사례나 멘트를 기록해 두기도 합니다. 위 마인드맵은《10분 자기 경영》을 읽고 작성하였습니다.

1.
중심 주제 잡기

10분의 짧은 강의이지만, 그 짧은 시간 동
안 나에게 번뜩이는 아이디어와 강렬함을
느낄 수 있다는 점에서 전구를 그렸어요.

2.
가지치기

목차와 상관없이 나에게 가장 와닿고, 많은 생각을 하게
했던 문장과 단어를 작성하는 것으로 시작합니다.

3.
확장하기

기억하고 싶은 '문장'이나 응용하고 싶은 '사례' 등을 기록합니다. 책을 통해 변화시킬 나의 행동을 기록해도 좋습니다.
예를 들어, 막말하는 고객 → 반응 → 느릴수록 좋다 → 숨 고르기 → 화장실 다녀오기

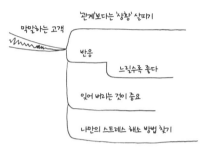

4.
완성하기

독후 활동을 통해 고민이 해결되고, 몰랐던 사실을 새롭게 알게 되는 시간, 마음의 위로와 생각이 정리되는 시간이 될 거예요.

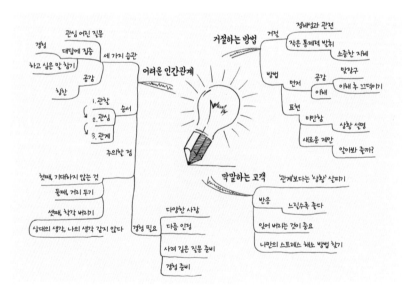

| **나의 독서 활용법 그리기** |

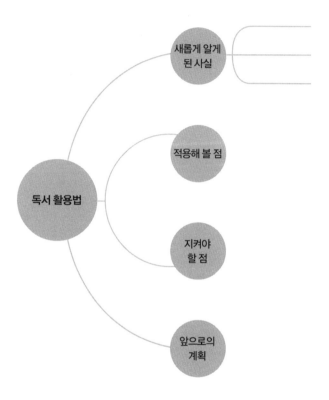

tip

1. 앞에 제시된 마인드맵과는 다르게 가지를 만들어 볼 수 있어요. 책을 읽고 새로 알게 된 사실, 나의 일상에 적용해 볼 점, 책에 나온 내용 중에 지켜야 할 점, 책을 통해 바뀐 나의 생각이나 계획 등으로 나눌 수 있어요.

나를 변화시킨 마인드맵

1

저를 성장시킨 원동력을
몇 가지 뽑으라고 한다면 주저 없이
3P바인더라는 '다이어리'를
첫 번째로 꼽습니다.
모든 것을 기록하고,
스스로 피드백 하는 습관을
길러 주었기 때문입니다.

2

두 번째가 바로
'마인드맵'을 접한 것입니다.
감성적이었던 제가 마인드맵을 활용하면서
이성적으로 생각하게 되었고,
꼼꼼하지 않던 제가 꼼꼼하게
모든 것을 체크하는 습관을
만들어 주었습니다.
기록하지 않던 제가 기록함으로써
생각을 정리하고, 이를 토대로
새로운 생각을
떠올릴 수 있었습니다.

3

'독특한 필기법'인 마인드맵은
어느 장소에서나 사람들의 관심을
불러일으키며 '평범한' 저를 '특별한 사람'으로
만들어 주었습니다.
처음엔 단순히 '참 신기한 필기 방법이네.'
하며 혼자서 낙서처럼 끄적였는데,
저도 모르는 사이에 저의 좌뇌와 우뇌를
자연스럽게 훈련시켰습니다.
소극적이었던 제가 조직에 적응할 줄 알게 훈련시켜 주고,
자격지심으로 가득했던 마음을 스스로
피드백 하며 자존감 강한 저로 만들어
마인드맵 강사로서 활발히
활동하고 있으니 말입니다.

4

저는 연년생 두 아이를
키우고 있는 워킹맘입니다.
아직 아이가 어리기도 하지만
사교육보다 마인드맵을 아이들에게
더 열심히 알려 주고 있습니다.
마인드맵의 효과가 얼마나 크고 놀라운지
느껴 보았기에 이것만 아이들에게
잘 알려 줘도 생각을 정리하고,
생각하는 힘을 키울 수
있을 거라 확신합니다.

5

1차적인 생각에서
머무르는 것이 아닌, 다양한 생각들을
제한 없이 펼칠 수 있도록 만들어 주는 것은
부모의 작은 노력만으로도 가능합니다.
부모가 먼저 마인드맵을 접하고,
아이들과 함께하며 자연스럽게
마인드맵을 익힐 수 있도록
도와주는 겁니다.

6

제가 지역 카페를 통해
'마인드맵 재능 기부'를 진행하며
만났던 많은 엄마들이 실제로
마인드맵의 효과를 체험하고 있습니다.
보잘 것 없는 내 일들이 가치 있게 느껴졌다는 분,
쓸모없는 사람이 된 것 같은 우울감에서 벗어나
새로운 꿈을 꾸게 되었다는 분,
마인드맵을 통해 아이와 더 많은 대화를 나누며
사이가 좋아졌다는 분 등
이런 후기를 들을 때마다 저 역시
의미 있는 일을 하고 있다는 뿌듯함과 함께
마인드맵을 더욱 알리고 싶어집니다.
'엄마의 꿈' 마인드맵이 냉장고에 붙여지고,
곧이어 '아이의 꿈 지도'가 나란히
붙여지는 가정이 더 많아지기를
기대해 봅니다.

마인드맵 샘플 및 강의 후기

전업맘 이한나

아이 신경쓰이는것
- 피아노 - 교본구입
- 수영 - 전화
- 미술 - 전화

정리 장난감 놀이방

먼지 거실
커튼 서재 책장
방 이불 걸레질
정리

매트
곰팡이 화장실 냉장고 청소 마맵
세계절 주방
실리콘 인덕션 인덕션위·밑 덮개
까페 물기 근처, 벽면
울기
문 번면 스트레스 받는곳 뒷베란다
까페물기 틈틈 목세팅 유리 까페
장갑 윗방 분리수거통 닦기
세정제 옷정리 가방받기
솔 화장대 기타 가스레인지근처
변기솔 위 창틀 내책상
내시간

직장인 황현율

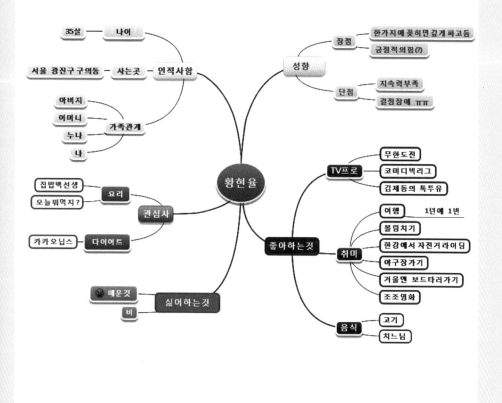

김명희(독자)

나를 찾을 방법을 고민하다 처음 접하게 된 마인드맵. 언제부턴가 힘들고 복잡한 일이 있을 때마다 마인드맵을 그리고 있는 나를 발견했다. 앞으로도 나의 마인드맵 사랑은 계속될 것이다.

김준희(맵스쿨 11기)

《매일 마인드맵》 책을 통해 마인드맵을 일상에서 다양하게, 그리고 친숙하게 활용할 수 있게 되었습니다. 무엇보다도 마인드맵을 나와 소통하는 도구로 사용할 수 있게 해준 고마운 책이에요. 마인드맵으로 생각을 정리하고 방향을 찾아내 시간을 주도적으로 계획할 수 있었습니다. 많은 분들이 이 책을 통해 마인드맵을 어렵지 않게 시작할 수 있기를 바랍니다. 더불어 마인드맵을 사랑하는 맵퍼들이 많이 생겨나길 희망합니다.

박윤경(독자)

의미 없이 메모하고 잊어버리거나 찾지 못해서 헤매던 1인으로 많이 공감하고 마인드맵의 본질에 가까워지는 실질적인 방법을 습관화하는 데 도움이 되었습니다.

김재인(맵스쿨 10기)

산후우울증과 연년생 육아로 지쳐 있을 무렵 저와 비슷한 상황에서 마인드맵을 통해 힘든 시간을 이겨 내신 오소희 교장쌤의 맵스쿨을 시작하며《매일 마인드맵》책을 접하게 되었어요. 《매일 마인드맵》책을 참고하여 마인드맵을 그리면서 저 자신을 돌아보는 계기도 갖게 되고 하나씩 완성되어 가는 마인드맵을 보며 성취감도 느낄 수 있었어요. 《매일 마인드맵》책은 쉽게 접근할 수 있는 주제들이 다양하게 수록되어 있어서 마인드맵이라는 것에 흥미를 느낄 수 있게 구성되어 있어요. 마인드맵의 실습 교과서라고 칭할 수 있는《매일 마인드맵》. 개정판 출간을 축하드립니다!

김신선(맵스쿨 2기·12기·13기, 지도자 2급)

마인드맵을 그리면서 감정 관리와 요약하는 힘이 길러졌고, 독서할 때도 마인드맵을 그리면서 하게 되면 내용을 더욱 파악하기 쉽고, 나를 이해하는 도구이자 내 삶의 동반자가 생긴 느낌이 들었습니다.